马克思主义学生读本

什么是共产主义?

丛书主编：韩喜平

本书著者：阎振伟　曾筱琪

编　委　会：韩喜平　邵彦敏　吴宏政
　　　　　　王为全　罗克全　张中国
　　　　　　王　颖　石　英　里光年

吉林出版集团股份有限公司
全国百佳图书出版单位

图书在版编目（ＣＩＰ）数据

什么是共产主义？ / 阎振伟，曾筱琪著. -- 长春:吉林出版
集团股份有限公司, 2012.12（2024.6重印）
（马克思主义学生读本）
ISBN 978-7-5463-9629-3

Ⅰ.①什… Ⅱ.①阎… ②曾… Ⅲ.①共产主义－青年读物
②共产主义－少年读物 Ⅳ.①D0-0

中国版本图书馆CIP数据核字(2012)第291759号

SHENME SHI GONGCHAN ZHUYI?

什么是共产主义？

丛书主编	韩喜平
本书著者	阎振伟　曾筱琪
责任编辑	王　斌
装帧设计	李　亮

出　　版	吉林出版集团股份有限公司
发　　行	吉林出版集团社科图书有限公司
地　　址	吉林省长春市南关区福祉大路5788号　邮编：130118
印　　刷	北京一鑫印务有限责任公司
电　　话	0431-81629711（总编办）
抖 音 号	吉林出版集团社科图书有限公司　37009026326

开　　本	710 mm×1000 mm　1 / 16
印　　张	12
字　　数	100 千
版　　次	2013 年 1 月第 1 版
印　　次	2024 年 6 月第 5 次印刷

书　　号	ISBN 978-7-5463-9629-3
定　　价	36.00 元

如有印装质量问题，请与市场营销中心联系调换。0431-81629729

序　言

习近平总书记指出，"青年最富有朝气、最富有梦想""青年兴则国家兴，青年强则国家强""中国梦是我们的，更是你们青年一代的。中华民族伟大复兴终将在广大青年的接力奋斗中变为现实"。

要提高青年人的理论素养。理论是科学化、系统化、观念化的复杂知识体系，也是认识问题、分析问题、解决问题的思想方法和工作方法。青年正处于世界观、方法论形成的关键时期，特别是在知识爆炸、文化快餐消费盛行的今天，如果能够静下心来学习一点理论知识，对于提高他们分析问题、辨别是非的能力有着很大的帮助。

要提高青年人的政治理论素养。青年是祖国的未来，是社会主义的建设者和接班人。要建立青年人对中国特色社会主义的道路自信、理论自信、制度自信、文化自信，就必须要对他们进行马克思主义理论教育，特别是中国特色社会主义理论体系教育。

要提高青年人的创新能力。创新是推动民族进步和社会发展的不竭动力，培养青年人的创新能力是全社会的重要职责。但创新从来都是继承与发展的统一，它需要知识的积淀，需要理论素养的提升。马克思主义理论是人类社会最为重大的理论创新，系统地学习马克思主义理论有助于青年人创新能力的提升。

要培养青年人的远大志向。"一个民族只有拥有那些关注天空的人，这个民族才有希望。如果一个民族只是关心眼下脚下的事情，这个民族是没有未来的。"马克思主义是关注人类自由与解放的理论，是胸怀世界、关注人类的理论，青年人志存高远，奋发有为，应该学会用马克思主义理论武装自己，胸怀世界，关注人类。

正是基于以上几点考虑，我们编写了这套"马克思主义学生读本"系列丛书，以便更全面地展示马克思主义理论基础知识。希望青年朋友们通过学习，能够切实收到成效。

韩喜平

目　　录

引　言

现今人们对"共产主义"的认识主要来自于对"共产主义社会"的理解：共产主义社会是一种社会形态，它是在生产资料公有制的条件下，在高度发达的社会生产力的基础上所实行的一种各尽其职、按需分配的劳动者自由联合的社会经济形态。而与此不同的，"共产主义"一词的含义不仅仅局限在"社会形态"的意义上，它同时也是一种政治信仰和一种科学理论。作为一种政治信仰，它指导着人们前进的方向和对真理的不懈追求；作为一种科学理论，它是人类历史上最进步、最有影响的学说。

共产主义学说的完整体系指的是由马克思和恩格斯创立的无产阶级的思想体系。作为人类历史上最进步、最革命、最合理的科学学说，它在正确认识自然界、人类社会以及思维发展客观规律的基础上，向我们揭示了资本主义生产方式所存在的矛盾和缺陷，证明了资本主义必然灭亡、社会主义必然胜利这一毋庸置疑的历史发展趋势，同时也指出了无产阶级解放运动所应具备的性质、条件和各方面要求，为我们展示了在全世界建立共产主义制度的美好前景和辉煌蓝图。

在经济和制度等方面，共产主义主张消灭私有产权，建立一个没有阶级制度、没有等级观念、人人和谐平等、进行集体生产的社会。共产主义设想未来所有的阶级社会最终都将过渡成为共产主义的无阶级社会。为了这个理想目标的实现，在思想上，它要求人人都有高度发达的集体主义思想，而这种思想的形成，必然有其奠基的过程。因此，本书在介绍共产主义时，一方面着重于共产主义整体理论的形成渊源和发展过程，另一方面则着重于共产主义同我国实际情况的融合——这种融合是共产主义能够实现的必要条件。

第一章　什么是共产主义

第一节　共产主义的概念

从词源上讲，"共产主义"属于一个外来词，它来自拉丁语"Communism"。作为一种政治思想，它指的是通过消灭生产资料私人占有制来消除社会阶级和等级的差异，把全人类从压迫和贫困中解放出来，并建立一个没有阶级制度、没有生产资料私有制、没有政府，以及进行集体生产的社会。在这样的社会体系下，人们共同拥有土地和财产，同时反对任何特权和压迫，因此，社会上不会出现任何不平等的状况——包括财产的不平等、权力的不平等和地位的不平等。最终，社会就会达到永恒的和谐状态。

从经典的概念上讲，我们则可以参考恩格斯的《共产主义原理》一书，这本书中恩格斯对共产主义的解释是"关于无产阶级解放条件的学说"。由此看来，共产主义的主体是无产阶级，而无产阶级指的是"完全靠出卖自己的劳动而不是靠某一种资本的利润来获得生活资料的社会阶级"，这一阶级的整个生存和生活状态，都"取决于对劳动的需求，即取决于生意的好坏，取决于不受限制的竞争的波动"。也就是说，共产主义想要达到的是无产阶级的和谐社会。

在另一本经典著作《共产党宣言》中我们看到，共产主义是通过消灭私有产权达到人类解放的思想。《共产党宣言》的第二章《无产者与共产党人》中，称共产党人的目标就是"消灭私有制"，所以共产主义就是主张通过消灭私有产权去达成解放全人类的一种思想。而1848年《共产党宣言》的发表和1847年6月共产主义者同盟的成立，就是科学社会主义理论诞生和共产主义运动开始的标志。

第二节　共产主义的本质

关于共产主义的本质问题，历来有很多种说法，本书所持观点是最为普遍的一种。这种观点认为共产主义的本质是人的自由，共产主义社会就是自由人的联合体。

需要注意的是，以前的人们对共产主义社会有一种错误的理解，这种错误理解导致了诸如"大锅饭"一类的错误观点。这些人认为共产主义是类似于部落生活的低级物质生活，只要求能填饱肚子，只要求有地方睡觉，永远需要集体生活，没有个人的生活和空间。因为是共产主义，劳动成果是大家公有的，所以"大锅饭"就意味着共产主义——实际上，这种限制个人发展的方式并不是真正的共产主义，反而是对共产主义的扭曲和践踏。真正的共产主义是每个人都拥有高度的自由，每个人都可以全面地发展。

马克思和恩格斯在《德意志意识形态》一书中写道："在共产主义社会里，任何人都没有特殊的活动范围，而是都可以在任何范畴发展。社会调节着整个生产，从而使我有可能随自己的兴趣今天干这事，明天干那事。上午打猎，下午捕鱼，傍晚从事畜牧，晚饭后从事批判。这样就不会使我老是一个猎人、渔夫、牧人或批判者。"

这段话明确地表示马克思主义的目标是实现完全的个人自由的社会。这样一来，人们既没有办法接受集体生产的组织和纪律，也不可能服从于权力的制约，每个人都要求"想干什么就能干什么"，却不会对社会造成不好的影响，这在目前看来只能是一种理想追求。马克思致力于这种追求，因此他的论述均围绕这个目标展开，而使人成为"完整的人""真正的人""自由的人"就是共产主义和整个马克思主义思想体系最为核心的观念之一。这就回到了我们所说的本质问题——共产主义社会的本质就是自由人的"联合体"，是"以每个人的全面而自由的发展为基本原则的社会形式"。

为了达到上面提到的理想目标，为了实现人类的自由与发展，必须有丰富的物质基础，这是现在人们的共识，此种思想亦来源于马克思的贡献。他充分研究了人类的政治、经济和科技等各方面的发展历史，得出"经济基础决定上层建筑"这样的结论。结论表明人类社会是以物质生产为基础的，现有生产力所形成的分工决定了不同人的经济地位，而经济地位则决定了不同人的社会地位。人们之间的经济关系决定了整个社会的形态，而"上层建筑"诸如法律、道德一类只是人们的社会地位的反映。因此对于共产主义社会的建立，马克思开列的前提条件是"物质极大丰富"，在详细考察之后，他发现了商业资本对劳动者的剥削和社会制度对个人行动的限制，所以，必须摧毁这些剥削与限制，才能建立起共产主义的物质基础。这是共产主义革命政党最感兴趣的一点，因此才有那么多的共产主义的武装革命，不过这都是后话了。而下文将介绍的是人类物质基础的建立和共产主义体系的形成，这也是马克思一生追逐的理想，表现了共产主义的步步前行。

第二章　共产主义理论的来源与基础

任何一种理论的形成都有其独特的文化和历史背景，不论是思想理论的奠基，还是社会发展的需要，它们对某种理论或学说的形成有着非常重要的影响。共产主义理论的形成也是如此，它有着深厚的历史背景和发展的必然趋势，本章主要讲述的就是共产主义理论体系的思想渊源和社会基础。

第一节　思想渊源

马克思和恩格斯在系统地建构他们的学说之前，充分考察了已有的理论基础和社会形式。这里将提出有代表性的两种早期共产主义思想，它们作为马克思共产主义理论的思想渊源，一方面对共产主义理论的提出有所贡献，另一方面也让我们看到共产主义理论的先进性和历史必然性。

一、原始共产主义

原始共产主义思想是早期共产主义思想之一，根据马克思的理论，人类的原始社会也可以称作"共产主义社会"（但这并不是真正科学的共产主义）。因为在原始社会中，生活是集体的，财产是共有的，每一个人都是一个平等的贡献者，人们为共同的利益工作，并分享所有东西。人类学家摩尔根曾经就此种情况作了分析，而恩格斯在《家庭、私有制和国家的起源》中继承了他的发现，系统地阐述了人类历史早期的情况、私有制的起源和原始共产主义的消亡。在此我们对"原始共产主义社会"进行简单描述：

"原始共产主义"产生于氏族社会，氏族社会是人类第一种明确的社会形态，这是在人类经历了原始群和血缘家庭等发展阶段后形成的。氏族社会中人们是以氏族为单位生活的，氏族是由具有同一母系血缘的人构成的组织，两个或两个以上的氏族则构成一个部落。

婚姻结构上，氏族内部禁止婚配，而是实行氏族群婚制：每个氏族的全体男子都是另一个氏族全体女子的配偶，子女出生后由母亲抚养，而并不晓得自己的父亲是谁。在氏族社会发展到新石器时代后，原始农业和原始畜牧业开始出现，土地等生产资料为氏族全体成员共同占有，人类由迁徙生活改为季节性定居，婚姻的形式也发生改变，从群婚制变为对偶制——对偶制家庭由一男一女构成，但这种家庭仍然是一种非常松散的同居关系。

生产分配上，由于生产工具落后的原因，氏族社会的生产力非常低下，单个人无法生存，而任何一个成员的死亡都会给整个部落带来灾难，所以只能共同合作，努力在贫乏的资源中获取生存必需。他们获取生活资料的方式主要是狩猎和采集，男性一般从事狩猎和制造打猎工具的工作，女性则从事采集和家务劳动，但总的来说并没有固定的分工。食物的缺少导致分配只能满足每个人的最低生存需要，并且，这种氏族内部直接生产和分配的形式，导致商品交换不能成型，造成了一种不良循环。

权力机构上，氏族大会定期选举出氏族首领，他受全体氏族成员监督，并可以随时撤换。这种选举出的氏族首领仅仅担任一般的协调和领导工作，没有任何特殊权力，大家也是发自内心地尊重他们，而不是靠任何强制力维持这种权力。各个氏族的首领共同组成部落的议事会，议事会是他们的强制力机关，但是最重要的决策还是由全体部落成员共同参与决定的。人们在氏族社会中没有高低贵贱的等级观念，也没有善恶荣辱的道德观念，只有朴素的平等互利原则。个人的利益与集体的利益基本不会发生冲突，一切纷争，都由当事人自己解决。历来的习俗把一切调整好，人们只需按照过去的习俗生活。氏族社会中不会有贫穷困苦的人，因为他们都知道对于老年人、病人和残疾人所应承担的责任。大家都是平等而自由的，包括妇女在内。对他人的歧视、奴役和压迫是从来不曾发生过的，因为这种行为会受到全体成员的谴责。

我们称这种没有压迫和奴役，没有固定的分工和阶级分化，全体社会成员共同占有生产资料的社会形态为"原始共产主义社会"。

但是这种社会并不完美，氏族制度以生产力极不发达为背景，人口的极度稀少导致生产力不发达，所有氏族成员都会受到无法控制的自然力量的支配。显然，这种社会形式并不能长久地持续下去。最后的结果是，这种社会制度被逐渐发展的物质力量所打破，最终被残酷的战争和杀戮、丑恶的奴役和欺骗所取代，这便是人类社会步入阶级社会的开始。

马克思认识到"原始共产主义社会"的缺陷，或者说，这完全不能被称为真正的"共产主义社会"。为解决这个问题，他在不断地考察和实践中摸索前行，最终形成了他的思想体系，这是他送给人类最伟大的礼物，也是人类社会最美好的蓝图。

二、空想社会主义

（一）空想社会主义的基本主张

空想社会主义又称乌托邦社会主义，最早见于16世纪托马斯·莫尔的《乌托邦》一书，盛行于19世纪初期的西欧，是产生于资本主义生产能力和阶级状况尚未成熟时期的一种社会主义学说，是现代社会主义思想的来源之一。空想社会主义者坚信在不久的将来可以建立一种理想的意识形态社会，此种理想激励着他们不懈努力奋斗。

空想社会主义者认为真正的理想社会，也就是社会主义社会，应该建立在人类的理性和正义的基础之上。这种社会至今还未出现的原因，是人们对它的不认识和不承认。为了打破这种局限，需要有天才掌握这种思想，并把它推广开，使人们了解它和接受它，这样就能实现他们心中的理想社会。

空想社会主义者反对资本主义，认为资本主义的剥削制度是背弃人类本性的表现，这种制度现象的产生是由于人类在道德和法律上犯了错误，而社会主义的目的就是要改正这种错误。因此，所有空想社会主义者都大力批判资本主义制度，并确信资本主义制度将被社会主义制度所取代。

最为著名的几位空想社会主义者为了阐述他们的主张，分别提出了自己的理论：莫尔揭露了资本原始积累，痛斥了资本家剥夺农民土地的圈地运动，指出这是"羊吃人"；圣西门把无政府状态称作"一切灾难中最严重的灾难"，认为资本主义经济自由必然导致这一状态；傅立叶认为雇佣劳动制度实质上就是"恢复奴隶制度"，资本主义工厂则是"温和的监狱"；欧文抨击了资本主义私有制，认为私有制是一切阶级之间纷争的根源，同时他还揭露了资本主义制度下的阶级剥削关系：工人创造的巨量社会财富被资本家瓜分，而工人自己甚至都得不到基本生活保障。

此外，大多数空想社会主义者都主张实行"财产公有制"。莫尔等一部分学者认为财产公有制是对生产资料和消费品的公共占有；摩莱里、欧文等则认为除日常生活品以外的财产的公共占有，即生产资料的公共占有是财产公有；少数空想社会主义者如圣西门、傅立叶则在自己构建的理想社会中保留了生产资料私有制，这是资产阶级倾向的明显表现。还有一些空想社会主义者也提出了计划经济的思想，例如圣西门就主张在实业制度下要有计划地组织生产，彻底根除无政府状态。

这些空想社会主义者的理论主张在一定程度上可以说是揭露了资本主义的丑恶，但他们缺乏现实的可操作性，仅仅是一些空泛的理论，并不能支撑他们的社会主义理想。

（二）空想社会主义的发展阶段

空想社会主义的发展共有300多年历史，经历了三个阶段：16世纪至17世纪为第一阶段、18世纪为第二阶段、19世纪初为第三阶段。三个阶段的社会和历史条件各不相同，无产阶级的发展水平不同，空想社会主义的思想也随之有所变化。

第一阶段中，空想社会主义者虽然提出了"实行公有制""人人劳动、按需分配"等社会主义基本原则，但对社会主义的构想还只是一个简单而粗糙的轮廓，并没有形成相对系统的理论体系。

第二阶段中，空想社会主义者弥补了第一阶段的不足，主要形成以下几点主张：第一，开始对社会主义进入理论探讨和论证阶段，并用"法典"形式作出明确规定；第二，对资本主义私有制进行批判，认为私有制引起经济上的不平等，进而导致政治上的不平等；第三，当具备初步的阶级观点后，主张实行绝对平均主义的、斯巴达式的共产主义；第四，在设计未来理想社会时，以农村公社和手工工厂为原型，主张在封建制度崩溃后，在农村公社和手工工厂的基础上建立社会主义；第五，赞同君主制、终身制、家长制等各项制度。

第三阶段是空想社会主义发展的巅峰时期。这一时期英国的工业革命在欧洲大陆掀起狂澜，资本主义制度的弊端日益暴露，这个阶段空想社会主义者对资本主义的社会制度、政治制度和道德观念进行了全面的批判；他们提出政治制度的基础是经济状况，指出私有制产生了阶级和阶级剥削；另外，在设计未来理想社会主义制度时，空想社会主义者以大工厂为原型，完全抛弃了平均主义和禁欲主义，这是他们的一大突破。

空想社会主义理论对资本主义制度的批判和对社会主义思想的提倡无疑是马克思共产主义理论能够提出的基础之一，但它之所以被称为"空想社会主义",是由于它在实践上的无力。他们的理论只能成为一种"空想",而不能被用于现实,这种空泛的理论注定只能失败。马克思在考察历史的过程中吸取经验,重视理论的实践性,这也可以说是空想社会主义者意识不到的贡献。

第二节　社会基础

一、氏族制度转化为阶级社会是共产主义理论提出的大的历史背景

前文简单向我们描述了氏族社会的各方面状况,而当氏族社会瓦解,阶级便开始出现,生产力的变化也导致社会机构发生了多重变化,我们可以从下面几个方面看看当时社会发生了什么样的改变:

第一,经济制度的改变和奴隶制度的开始。由于原始社会末期发明了金属工具,生产力发生飞跃,从农业中分离出了手工业,而且还出现了商品交换,因此以土地为主的生产资料被逐渐分给个人使用,便产生了个体家庭经济。氏族社会时缺乏食物,因此部落战争中的俘虏都会被杀掉,仅有少数成为平等成员加入胜利者的部落。后来由于生产力的发展,人们能在满足自身生存需要的前提下生产更多的剩余产品,于是俘虏被胜利者所奴役,

成了最初的奴隶。这是奴隶制度的基础。

第二，经济的发展使男女地位也发生了转变。定居的农业社会生活有助于女性生育较多的子女，再加上金属犁耕农业和畜牧业需要较好的体力，女性遭到了男性的排挤，她们的活动只限于抚育子女和缝制衣服、制作食物等家务劳动。她们的劳动和男子能直接带来经济收入的农业和畜牧业劳动相比，成为一种依附性的私人劳动。因此女性的社会地位逐渐被贬低，成为男性的奴隶。这和最初的奴隶制同时产生，是父权社会的开始。父权制家长为了保证财产的累积和权力的继承，所以禁止女性的一切非婚性行为，而男性不仅是他的妻子的主人，还往往占有多个女奴隶。这就是个体家庭制度的起源。这种个体家庭与对偶制家庭的最大区别是女性没有离婚的权利，完全沦为男性的私有财产和被买卖的商品。个体家庭的出现代表了男性对女性歧视、迫害和奴役的历史时代的开始。在一切阶级社会中，女性的解放程度是衡量普遍解放的天然尺度。如果要使女性拥有和男性同样的自由和权利，就必须发展资本主义大工业，将越来越多的私人劳动融入社会劳动，让家务劳动只占有女性极少的时间，使女性走出家庭，从事社会生产。而共产主义社会将创造比资本主义更先进的生产力，彻底改变社会分工，使男女平等真正成为现实。

第三，权力机制的变化。由于个体家庭经济的出现和氏族内部的贫富分化，氏族议会的性质发生了改变，从代表全体社会成员利益的组织变成了维护富人利益的工具。此外，在原始社会末期，部落间掠夺性的战争使得其他部落的成员大批变成了奴隶。在这种战争中氏族贵族进一步巩固了他们的权力，将受人民监督的公共职务变成了世袭的爵位，而由氏族中的全体青壮年组成的全民武装则变成了脱离实际生产劳动、只听从于少数贵族的职业军队。

第四，阶级的产生和后期的发展结果。当绝大多数社会成员需要花费全部或几乎全部时间从事繁重的体力劳动，而少数特权分子专门从事科学、艺术、生产管理等相对简单和高端的工作时，社会必然存在两个彼此对立的"阶级"。从事脑力劳动的特权阶层占有生产资料，通过军队、警察、法庭、监狱等专制机关奴役那些不占有生产资料的阶层，这种专制机器被称为"国家"。国家是阶级矛盾不可调和的产物，表明社会陷入了无法解决的自我矛盾中，只能通过暴力手段迫使他人服从。国家机器是一个表面上凌驾于全体社会成员之上的职业权力机构，它通过代表全体统治阶级意志的法律来行使它的权力，这与由全体社会成员直接参与决策、没有特权的氏族社会是完全不同的。但是，只要一个社会内部分裂为不同阶级，那么必然存在这样一个不受监督和控制的"公共权力"，通过强制手段使整个社会保持相对的稳定，而不会因为无休止的阶级斗争使各阶级一同灭亡。因此，在氏族社会生产力发展带来的一切变化的背后，必然开始出现这样的阶级分化和强制机构。统治阶级一方面通过暴力手段维持自身的统治地位，另一方面又通过"道德"这种精神手段统治其他阶级，使他们心甘情愿地服从他们的统治。符合统治阶级利益的行为就被称为所谓的"正义"和"荣誉"，而损害统治阶级利益的行为就是"邪恶"和"耻辱"。这种虚伪的道德往往采用双重标准，要求被统治者的个人利益无条件地服从虚幻的集体利益（即统治阶级的利益），甚至达到了牺牲个人生命的地步。

取代这种充满矛盾、对立和欺骗的阶级社会的，只能是也必须是一个自由人的联合体。在那里，每个人的自由发展将是一切人自由发展的条件，这个自由的世界就是共产主义社会。尽管人类已经历了漫长的几千年的阶级社会，但从整个人类的发展历史来看，这个阶级的时代仍然只是一个非常短暂的过渡阶段。只有当人类彻底摆脱了自然界对人的奴役和人对人的奴役之后，人才在一定意义上最终脱离了动物界，从"野兽"的生存条件真正进入"人"的生存条件。这种人类的真正自由和解放，就是共产主义。

二、资产阶级革命宣告人人平等，是共产主义自由思想的基础

资产阶级革命指的是由资产阶级领导的反对封建社会制度的革命，主要集中于17世纪和18世纪，这一时期世界历史发生了巨大

的转折和变化，向着更为深广的方向发展。在欧洲和北美，封建主义的基础受到巨大冲击，资产阶级的时代在这种冲击中来临了。

资产阶级革命主要包括英法资产阶级革命和美国的独立战争，但我们通常认为1640年的英国革命掀开资产阶级革命的序幕，为资本主义制度的确立开辟了道路。此后，欧洲大陆上一些主要的封建国家也陆续开始改革，推行富国强兵政策，客观上推动了资本主义的发展。在此期间，欧洲国家进一步加快步伐，向世界各地扩张其殖民地。

我们以英国为例描述一下资产阶级革命：在新航道开辟以后，欧洲的主要商道和贸易中心从地中海区域转移到了大西洋沿岸。英国人利用有利的地理位置积极拓展对外贸易，进行殖民掠夺。在此期间，工场手工业得到了极大发展，还出现了采用资本主义经营方式的牧场和农场。由工场主、商人、银行家和农场主等组成的新兴资产阶级成长起来了，有些贵族虽然保留着贵族头衔，却也从事一些资本主义性质的经济活动，他们被称为新贵族。17世纪时，英国国王竭力推行封建专制，鼓吹"君权神授"，认为国王的权力是神授予的，不可违抗。这种封建专制制度阻碍了资本主义的发展，侵害了资产阶级和新贵族的利益，于是他们利用议会同国王展开了斗争。最终，英国于1689年通过了限制王权的《权利法案》，建立了由议会制约国王权力的君主立宪制。这标志着英国资产阶级和新贵族取得了斗争的胜利。

在社会巨变的大潮中和资产阶级革命的基础上，欧洲政治思想领域出现了文艺复兴和启蒙运动，为资本主义社会提供了一套深入人心的政治构想。文艺复兴指的是16世纪盛行于欧洲的思想文化运动，它带来了科学与艺术的革命，被马克思主义史学家看作封建主义时代和资本主义时代的分界。文艺复兴运动所提倡的人文精神主张人类个性的解放，提倡人性，反对神性，宣告一切人生来平等，都拥有追求自由、幸福的权利，认为人是现实生活的创造者和主人，肯定人的价值和尊严。在文艺复兴运动的推动下，自然科学取得了很大的发展和突破。此时，正值资产阶级与封建阶级的对立时期，新兴资产阶级为摆脱封建专制和教会压制，首先在思想领域展开了反对封建专制统治和教会思想束缚的斗争，由此掀起了一场轰轰烈烈的思想解放运动，历史上称之为启蒙运动。启蒙运动盛行于法国大革命时期，为法国大革命和美国独立战争提供了思想支持，启蒙运动提倡用科学代替迷信，用人权反对神权，用理性追逐光明，这种思想的启蒙在运动中深入人心，使自由成为人类永恒追求的目标，为马克思人本主义思想的产生奠定了基础。

三、工业革命大力发展了生产力，为共产主义物质基础的创造开启新篇章

18世纪60年代，资产阶级在英国的统治日益加强，但同时也

面临很多新问题：英国通过圈地运动，极大地聚集了劳动力，并开拓了英国的国内市场；多年的海外贸易和殖民扩张为英国积累了丰富的原始资本，同时开拓了广阔的原料产地和海外市场；工场手工业积累的劳动经验和生产技术得到很大的进步，但并不能满足日益扩大的市场需求。因此，一场由工场手工业生产到机器大工业生产的工业革命首先在英国爆发，继而席卷整个欧洲和世界，这是生产与科技的革命，也是时代的革命。

（一）工业革命兴起的基础

工业革命是由资本主义经济发展的客观要求所决定的：

第一，资产阶级革命废除了封建制度，消除了不利于资本主义发展的种种束缚，为工业革命创造了重要的政治前提。

第二，资产阶级革命消除了农业中的封建制度和小农经济，为资本主义大工业的发展提供了充足的劳动力和一定的国内市场。

第三，资本主义通过殖民掠夺等方式获得了大量的原始积累，为资产阶级提供了资本主义大工业所必需的大批自由劳动力和巨额的货币资本。

第四，资本主义工场手工业长期的发展，为大机器生产的出现准备了技术条件。

这些由于经济发展和制度更替所形成的新的社会状况要求必

须提高生产力，才能满足不断扩大的需求，工业革命因此应运而生。

（二）工业革命的影响

在生产方式上，工业革命促进了社会生产力的迅速发展，极大地提高了劳动效率，生产价值和劳动价值也随之大幅度提高，商品经济开始取代自然经济，大机器生产代替了手工工厂，标志着生产力的巨大飞跃；工业革命也使劳动分工愈发地细化，劳动日益单一化，劳动强度提高，劳动时间延长。

在社会结构上，工场手工业逐步被代替，雇佣劳动制度被普遍建立起来，工业资产阶级和工人阶级逐渐分化成两个对立的阶级，工业资产阶级和工业无产阶级最终形成；多数社会财富掌握在资本家的手中，在与贵族的抗争中，资产阶级获得了更多的政治权利以及经济权利；伴随着西方资本主义国家对亚非拉进行殖民掠夺，工业革命加速了弱小国家沦为殖民地和附属国的过程，影响了中西方国家之间的关系。中英鸦片战争之后，中国开始沦为半殖民地半封建社会。

在世界格局上，极大提高的劳动生产率，为资本主义国家的统治奠定了物质基础；伴随着物质财富的极大丰富，世界面貌发生了改变，世界各地之间的联系空前密切，资本主义方式扩展至世界各地，从而确立了资产阶级对世界的统治；工业革命的机器生产在客观上冲击着殖民地的工场手工业，传播先进生产方式和生产技术，猛烈冲击着殖民地的旧生产方式以及旧制度、旧思想；随着资产阶级对世界的统治的稳固，西方国家的殖民掠夺逐渐加强，殖民地人民更加艰难困苦，逐渐形成了东方从属于西方的局面；英国逐步成为"世界工厂"，逐渐占领了世界经济的霸主地位。工业革命带来了生产力的巨大发展，人类跨入了大机器时代，社会阶级结构发生了深层次变革。完成了工业革命的西方国家，开始把整个世界纳入资本主义的商品经济体系，世界市场因此得以初步形成。

（三）工业革命是历史的必然，资本主义从此肩负着为共产主义创造物质基础的责任

工业革命是历史的必然，也是资本主义发展的必然，是资本主义发展史上的重要一环，它实现了农业社会向工业社会的变革，使以大机器生产为主要生产方式的工厂代替了手工工场。同时，这也是一场深刻的社会关系的变革，社会逐渐分立为工业资产阶级和工业无产阶级，两大阶级对立并存着。这一巨大的转变在物质上和精神上都对人类产生了巨大的冲击，人们对于物质的追求加大了对于人类的精神的冲击。资产阶级第一次宣扬人生来平等，每一个人都有生命、自由以及追求幸福生活的权利，这使人更加注重对于自由和权利的追求，这也激化了工业资产阶级和

工业无产阶级之间的矛盾，革命思潮汹涌，为马克思主义的诞生奠定了基础。

资本主义社会肩负着为共产主义的新世界创造物质基础的伟大使命。共产主义社会的建构需要极大丰富的社会产品，工业革命极大地提高了社会生产力，在社会财富的积累上发挥了重要的作用，从此资本主义社会肩负起了为共产主义社会构建创造物质基础的伟大使命。尽管当时资产阶级并没完全认识到自己肩负的使命，但是共产主义是人类的福祉，资本主义是阶级社会的尾声，共产主义必定代替资本主义。

第三章　马克思和恩格斯的共产主义理论体系

第一节　恩格斯的"哲学共产主义"

马克思和恩格斯对于共产主义的思考，在青年黑格尔主义阶段主要是从哲学原则开始的。恩格斯受到赫斯的直接影响，转向共产主义的时间则略早于马克思。1842年10月，恩格斯拜访《莱茵报》编辑部，见到了时任编辑的赫斯。赫斯正是青年黑格尔运动中最早转向共产主义的人，赫斯向他宣传了共产主义学说。后来恩格斯受英国社会主义运动的影响，转向共产主义。他的第一篇评判共产主义的文章《共产主义和奥格斯堡"总汇报"》，虽然说明他还不是任何意义上的共产主义者，却表现了他对共产主义的郑重态度。马克思的共产主义转向则略晚于恩格斯，恩格斯在1843年10月底写的《大陆上社会改革运动的进展》一文中提到

"德国共产主义者'马克思博士'"。

恩格斯在《大陆上社会改革运动的进展》一文中将他们的共产主义理论体系称为"哲学共产主义"，恩格斯对共产主义的理解同样明显地表明了他研究问题的从原则出发的哲学立场，以此和德国的"工人共产主义"相区别。恩格斯当时认为，"哲学共产主义"指的是以马克思、恩格斯为代表的、以哲学为基础的共产主义理论。"哲学共产主义"是以哲学为基础的理论，而"工人共产主义"则没有充分的理论基础，不是从研究的理论原则得出的客观结论。《马克思恩格斯全集》中提出："德国的哲学经过长期的痛苦摸索过程，也终于达到了共产主义。""德国人则是通过哲学，通过对基本原理的思考而成为共产主义者的。"青年黑格尔运动中的许多人，"因为他们不断地发展了自己的哲学结论，现在已经成为共产主义者了"。由此可见，其"哲学共产主义"理论实际源于德国古典哲学。

当恩格斯还是一位青年黑格尔主义学者时，他提出了"哲学共产主义"的理论，因此他所说的"哲学"，实际上是黑格尔哲学。恩格斯认为，共产主义是一个平等自由的社会，这是一种理念的实现，这种理念在本质上是自由的，其实现的结果就是自由平等社会的形成，也就是共产主义的实现。后来，他转向费尔巴哈，他说："德国的社会主义和共产主义比起任何其他国家的社会主义和共产主义来，都更加是从理论前提出发的，因为我们德国的理论家们，对现实世界了解得太少，以致现实的关系还不能直接推动我们去改造这个'丑恶的现实'。"他其实是将费尔巴哈所阐释的人本主义作为理解共产主义的原则根据。"在公开拥护这种改造的人们当中，几乎没有一个不是通过费尔巴哈对黑格尔哲学的克服而走向共产主义的。"恩格斯的共产主义是建立在费尔巴哈的人本主义原则之上的，后来被马克思阐述为"人道主义"的共产主义。因为它是以哲学原则为依据的，所以是以人为本的哲学的共产主义，可以被看作一种"哲学共产主义"。

第二节　马克思人道主义的共产主义

一、费尔巴哈的人本主义思想

费尔巴哈作为伟大的唯物主义哲学家，他对马克思的思想形成起了巨大的作用，尤其是在青年马克思主义阶段。虽然在一定程度上马克思并未摆脱费尔巴哈人本主义的影响，但是马克思主义实际上是对费尔巴哈人本主义学说的扬弃和超越。费尔巴哈的人本主义为马克思的人道主义奠定了理论基础。

费尔巴哈是德国伟大的唯物主义哲学家。费尔巴哈在黑森州的海得尔堡学习的神学对他的影响非常大，他由此开始逐渐对哲学感兴趣，跟随黑格尔到柏林学习哲学，后来成为"青年黑格尔学派"的一员。费尔巴哈的人本主义思想是从对于基督教的批判展开的，在社会上产生了很大的影响，他的很多观点被一切极端主义者所接受。他在《基督教的本质》这部著作中，从人本学唯物主义的立场出发，阐明了宗教神学的秘密，批判了基督教及神学，并且批驳了黑格尔思辨哲学关于基督教的错误观点。他是德国哲学史上第一个与基督教公然决裂的资产阶级思想家。

费尔巴哈对于基督教的批判是从三个方面进行的。首先，他深刻地揭露了基督教的本质。人们按照自己的本质创造出了上帝和诸神，是人创造了神，并非像基督教所说神创造了人，人对于神的崇拜本质上是对于人本质的崇拜。其次，揭露了宗教产生的基础是人的依赖感和利己主义，这是宗教产生的认识根源。最后，揭露了宗教不能促进社会的发展，反而起到的是反动作用。宗教是科学的死敌，科学要求如实地反映社会现象，而宗教只是人基于对于自身本质崇拜的一种创造。

基于以上的讨论，费尔巴哈得出如下结论：思辨哲学的秘密是神学，神学的秘密是人本学；神的主体是理性，理性的主体是人。"因此新哲学的认识原则和主题并不是自我，并不是绝对的亦即抽象的精神。简言之，并不是自为的理性，而是实在的和完整的人的实体。"费尔巴哈认为，"以自然为基础的现实的人"是哲学的最高对象，新哲学的任务就是要认识人及其本质。

费尔巴哈将人及其本质阐述为，"人没有对象就不存在"，在对象认识过程中人不断地把握自己的本质。在现实社会中，对象是各种各样的，也就是说，对象的多样性决定了人的本质的多样性。费尔巴哈认为，人和自然界是不可分割的统一体，人是自然界的最高产物，是自然界的一部分，而自然界又是人赖以生存的基础，是人首要的和根本的依赖对象，所以人的本质首先应该着眼于人的自然属性。人是一个有血有肉的感性的实体，首先是生理以及物理上的人。通过以上的论断我们可以看出，费尔巴哈在某种程度上承认人和自然的同一性，但二者并非是完全等同的。他明确指出："直接从自然界产生的人，只是纯粹自然的本质，而不是人。人是社会的作品，是文化、历史的产物。"因此，"只有社会的人才是人"。费尔巴哈不仅看到了人的自然属性，看到了人首先是生理以及物理上的人，还看到了人的社会属性，认识到人是历史的、社会的、文化的产物。不仅如此，费尔巴哈还指出："孤立的、个别的人，不管是作为道德实体或作为思维实体，都未具备人的本质。人的本质只是包含在团体之中，包含在人与人的统一之中，但是这个统一只是建立在自我和你的区别的实在性上面的。"这说明，费尔巴哈不仅仅看到了人的自然属性和社会属性，而且已经从人与人之间的社会关系的角度来考察人了。在这点上，马克思继承了费尔巴哈这一观点。

费尔巴哈认为，思维和人是不可分离的，思维是人的思维，并非独立于人即独立于感性实体之外的思维。新哲学与旧哲学的根本区别就在于："旧哲学的出发点是这样一个命题——我是一个抽象的实体，一个仅仅有思维的实体，肉体是不属于我的本质的；新哲学则以另一个命题为出发点——我是一个实在的感觉的本质，肉体总体就是我的自我，我的实体本身。"所以新哲学是真正的人本主义哲学。在费尔巴哈看来，精神是人类最高的东西，"是人与动物不同的标志"。人作为一个感性实体包含了身体与灵魂，感性本质存在的同时也伴随着非感性的本质，这就是我们所说的精神。费尔巴哈把"最严格意义上的意识"即精神作为人与动物的本质区别。

费尔巴哈把人理解为现实的感性实体，并非抽象的精神实体，这对于否定宗教神学无疑具有巨大的作用，这体现出他在关于人的本质学说中是以唯物主义自然观为基础展开的。但是，与此同时，他对于人的本质的理解并未摆脱形而上学的桎梏，因为他把人的本质看作抽象的"类"概念，即"单个人所固有的抽象物"。马克思在这一点上扬弃和超越费尔巴哈的学说，他在《关于费尔巴哈的提纲》中指出，费尔巴哈只是把人看成抽象的自然存在的类存在物，没有揭示人的真正本质，没有对人的现实的本质进行批判，只把它理解为一种无声的、内在的、把许多个人自然地联系起来的普遍性。这就是马克思超越费尔巴哈、发展其自己的人本主义哲学的地方。

二、马克思的"异化劳动"理论

与之前的共产主义者和费尔巴哈都不同，马克思十分重视实践，他反对对共产主义的空谈，而是主张切实地去实行它。为此，他分析批判了黑格尔法哲学以及现实的犹太人问题，明确了自己的着眼点在于实现全人类的解放。为了实现这一目标，必须立足于现实社会，也就是市民社会，而对市民社会的剖析应该到其政治经济学中去寻求。在《1844年经济学哲学手稿》（以下简称《手稿》）的序言中，马克思指出："对国民经济学的批判，以及整个实证的批判，全靠费尔巴哈的发现给它打下真正的基础。从费尔巴哈起才开始了实证的人道主义的和自然主义的批判。"由此可见费尔巴哈对马克思的影响之大。在《手稿》一书中，马克思明确提出了以人为本的共产主义思想，而对以人为本的共产主义的阐述是从当时的经济事实——异化劳动开始的。

异化劳动是人的自由本性的丧失。在《手稿》中马克思这样写道："我们的出发点是经济事实，即工人及其产品的异化。"此时的马克思不再像之前的哲学家与思想家一样仅仅停留在人的精神领域、政治领域、宗教领域等纯粹思想的逻辑中，而是深入到经济事实中去发现问题、解决问题，这样，一条唯物主义原则在《手稿》中开始呈现在我们面前。这一经济事实就是，工人生产的产品越多，创造的财富越丰富，他获得的就越少，生活就越贫穷。也就是说，这一事实体现了工人的普遍贫困及其"非人化"的状态。劳动生产的产品本应属于劳动者，但却作为一种异己的存在物同劳动者相对立，而应当受劳动者支配的对象则成为奴役劳动者的力量，工人与自己所创造的劳动产品之间的关系成为了相对的异己的对象关系。同样的，自然界为工人提供劳动生产条件和生活资料，但工人越是通过自己的劳动占有自然界，就越失去自己的生产和生活资料，成为自然界的奴隶。马克思不无感慨地指出："国民经济学由于不考察工人（劳动）同产品的直接关系而掩盖劳动本质的异化。当然，劳动为富人生产了奇迹般的东西，但是为工人生产了赤贫。劳动生产了宫殿，但是给工人生产了棚舍。劳动生产了美，但是使工人变成畸形。劳动用机器代替了手工劳动，但是使一部分工人回到野蛮的劳动，并使另一部分工人变成机器。劳动生产了智慧，但是给工人生产了愚钝和痴呆。"①

马克思在考察了工人与自己的劳动产品之间的异化关系后，分析了生产活动本身的异化。劳动本是人运用其自主能动性进行自愿的、自由的创造的活动，但在现实中，"劳动对工人来说是外在的东西，也就是说，不属于他的本质。因此，他在自己的劳动中不是肯定自己，而是否定自己；不是感到幸福，而是感到不

---

①马克思：《1844年经济学哲学手稿》，人民出版社，第56页。

幸；不是自由地发挥自己的体力和智力，而是使自己的肉体受折磨、精神受摧残"。劳动活动成为异己的活动，并不是为了它自身，而是为了一些外在于它的东西。劳动不属于进行生产创造的工人，而属于别人，工人在劳动中也不属于自己，而是属于别人，因此也就不是正常的"劳动"，工人只有在不劳动时才感到自在。这完全背叛了劳动的价值和真谛，也就是一种扭曲的劳动和生活。因此，马克思将工人与劳动产品之间的异化称为"物的异化"，将劳动活动本身的异化称为"自我异化"。其中，我们可以把"异"看作是扭曲、变异的意思。

除了以上两种异化之外，人还和自己的类本质相异化。在这里，马克思运用了费尔巴哈"类存在"的概念。他说："人是类存在物，不仅因为人在实践上和理论上都把类——他自身的类以及其他物的类——当作自己的对象；而且因为——这只是同一种事物的另一种说法——人把自身当作现有的、有生命的类来对待，因为人把自身当作普遍的因而也是自由的存在物来对待。"这种普遍性表现在它把作为人的生活资料和生产资料的整个自然界变成了人的无机的身体。与动物直接满足其自身需要的生产和活动不同，人在进行有意识的生命活动。动物的生产只是满足它们的生存需要，而人全面地、自由地进行生产。但异化劳动破坏了这种和谐，夺走了人的生产对象，更夺走了自然界这个人的无机的身体，也就夺走了人的类生活。同样，异化劳动使人的自主的、自由的活动降低为手段，这样一来，异化劳动导致"人的类本质——无论是自然界，还是人的精神的类能力——变成对人来说是异己的本质，变成维持他的个人生存的手段。异化劳动使人自己的身体，同样使在他之外的自然界，使他的精神本质，他的人的本质同人相异化"。

马克思分析异化劳动的表现之后得出这样的结论：人同人相异化。《手稿》中继续写道："总之，人的类本质同人相异化这一命题，说的是一个人同他人相异化，以及他们中的每个人都同人的本质相异化。"这表示人在社会中已经不是真正自由的人了，他们时时刻刻被异化的东西，甚至被异化的自己所控制。举一个简单的例子来看，现在人们完全离不开电脑、手机就是一种异化的表现。

以上马克思对异化劳动四个方面的分析是基于这样的前提得出的：人的类特性是劳动，也就是自由自觉的活动。劳动本是人的自由自觉的活动，但在现实社会中，劳动发生了异化，不是人控制劳动，而是劳动奴役了人。但劳动的异化是劳动演进过程中的必然，如果我们把人类的劳动看作一个历史过程，那么异化劳动就是这一过程中的一个阶段。在这一阶段中，劳动使人丧失了他们的自主性，人们在劳动中不再是感到满足和骄傲，而是感觉受到压制与束缚，因此异化劳动是对人的发展与自由的否定与摧残。由异化劳动，马克思得出私有财产这一概念。"私有财产是外化劳动即工人对自然界和对自身的外在关系的产物、结果和必然后果。"可以这样理解私有财产和异化劳动的关系：私有财产既是异化劳动的产物，又是劳动借以外化的手段，二者之间相互作用、互为基础。资本、劳动分工、私有财产制度等，这些都是异化劳动的外在表现。由此，《手稿》中说道："从异化劳动对私有财产的关系可以进一步得出这样的结论——社会从私有财产解放出来、从奴役制解放出来，是通过工人解放这种政治形式来实现的，这并不是因为这里涉及的仅仅是工人的解放，而是因为工人的解放还包含普遍的人的解放。其所以如此，是因为整个的人类奴役制就包含在工人对生产的关系中，而一切奴役关系只不过是这种关系的变形和后果罢了。"

三、马克思人道主义的共产主义

前文已经提到，马克思转向共产主义的时间比恩格斯要晚一些。当马克思转向共产主义的时候，他同时在哲学上转向了费尔巴哈的人本学唯物主义，并把费尔巴哈的人本学唯物主义看作共产主义理论的基础，因此，在1844年，马克思特别强调了他的共产主义的人道主义性质。马克思此时把自己的共产主义理论也叫作人道主义，而人道主义也是自然主义。马克思说："这种共产主义，作为完成了的自然主义，等于人道主义，而作为完成了的人道主义，等于自然主义。它是人和自然界之间、人和人之间的矛盾的真正解决，是存在和本质、对象化和自我确证、自由和必然、个体和类之间的斗争的真正解决。它是历史之谜的解答，而且知道自己就是这种解答。"①正是因为它是对矛盾的一种解决，所以又被叫作"实践的人道主义""积极的人道主义"。马克思说："正像无神论作为神的扬弃是理论的人道主义的生成，而共产主义作为私有财产的扬弃就是对真正人的生活这种人的不可剥夺的财产的要求，就是实践的人道主义的生成一样；或者说，无神论是以扬弃宗教作为自己中介的人道主义，共产主义则是以扬弃私有财产作为自己的中介的人道主义。只有通过扬弃这种中介——但这种中介是一个必要的前提——积极地从自身开始的即积极的人道主义才能产生。"

对于共产主义我们都有自己的理解，马克思也一样，他是从"人是人的最高本质"这个基本原则出发去理解共产主义的问题的。而"人是人的最高本质"这一问题是由费尔巴哈提出的。费尔巴哈认为，不是上帝创造了人，而是人按照自己的观点创造了上帝，人的本质不是上帝赋予的，而是人以他的"类本质"为模板赋予上帝的本质。由于人类在认识上、思想上存在无法解决的问题，人创造了上帝这个全能的神。上帝的本质正是人的类本质的异化，即人把自己的类本质赋予在自己的创造物之上，又反过

---

① 马克思：《1844年经济学哲学手稿》，人民出版社，第77页。

来受自己的创造物所控制、奴役。也就是说，人类以自己为模板创造了上帝，反过来又尊奉上帝，按照所谓上帝的安排去生活，这就是人在宗教上的异化，而人类的历史同时也就是人的宗教异化及克服异化的历史。

对于共产主义的发展，马克思的贡献在于，他深入到别人没有深入的领域，探讨了劳动的异化，以揭露私有制的非神圣性、非永恒性。这种揭露使人能够真正认识到共产主义的本质，是共产主义发展上的一大突破。与费尔巴哈相同，马克思同样认为人是人的最高本质，人的本质是其"类本质"，而人的生存发展与人的类本质之间的矛盾是在揭示劳动异化和解释共产主义中不可忽略的问题。人在异化的劳动中和异化的生活中失去了人的本质，这就是人的"自我异化"。一旦人发生了这种异化，他就不再是真正的人，仅仅是某种活着的、工作着的生物，他没有了自己的思想与自由。这样的人只有"人的存在"，而没有"人的类本质"。进一步说，在这种劳动的自我异化中，私有制产生了，异化劳动是私有制的根源，私有制是异化劳动的外部表现，私有制与异化劳动之间也是互为因果的关系。异化劳动的根源在于人自身的基本矛盾，即"人的存在"和"人的类本质"的矛盾，而在这一矛盾的进一步发展中，否定又被否定。人们意识到这种异化及其危害，不愿再被异化的物和生活所控制，因此人又不断反思、不断努力消除这种异化，努力实现向"人的类本质"的复归，使人成为真正的人。

随着异化的消除，私有制也就被扬弃了。而异化的消除，私有制的扬弃，就是共产主义的实现。共产主义是人向"人的类本质"的复归，是人对自由、解放和幸福的追求，是人成为真正的人的过程。所以，共产主义是最合理的社会。共产主义的实现是必然的，它根源于"人自身"的矛盾运动。在解决这种矛盾时，马克思的人道主义共产主义的中心议题是解放人，把人解放成为真正的"人"；而无产阶级和资产阶级是人的自我异化的两极，他们都不是真正的人。共产主义就是把所有"非人"解放成为人。这就是马克思对共产主义的合理性、必然性的人道主义解答。

四、《共产党宣言》的发表是马克思共产主义思想正式确立的标志

1848年欧洲革命前夕，马克思和恩格斯联合发表了《共产党宣言》。《共产党宣言》是科学社会主义的纲领性文献，是马克思共产主义思想正式确立的标志。他们运用辩证唯物主义和历史唯物主义分析，深刻揭示了资本主义阶级斗争以及资本主义社会的产生、发展直至灭亡的规律。正如马克思、恩格斯在《共产党宣言》里所说："代替那存在着阶级和阶级对立的资产阶级旧社会的，将是这样一个联合体，在那里，每个人的自由发展是一切

人的自由发展的条件。"①《共产党宣言》作为最权威的共产主义论著,作为科学社会主义的纲领性文件,反映了马克思和恩格斯以人为本的共产主义思想信念。

前文我们提到资产阶级并非一无是处,它为共产主义社会的构建创造了物质基础,同时也肩负着为共产主义的新世界创造物质基础的伟大使命,但其仍旧是实现共产主义的巨大阻碍。随着大机器生产的发展,资产阶级的生产越来越以机器为中心,人并没有获得作为人的尊严,这和马克思、恩格斯所提到的一切人的自由发展的"联合体"是相悖的。工人就像商品一样,所以他们同样地受到竞争方面的一切变化的影响,受到市场方面的一切波动的影响,跟货物并无差别。大机器生产的分工和细化使工人成为了机器的附属品,工人的劳动开始慢慢失去了独立性,沦为一种工具,甚至失去了人的性别和年龄差别。"机器越推广,分工越细致,劳动量也就越增加",而且资产阶级"花在工人身上的费用,几乎只限于维持工人生活和延续工人后代所必需的生活资料",这样,不仅仅是时间上,在生活资料上工人也不足以谋求自身的发展。工人群众在工厂中像士兵一样被组织起来,受到层层监视。"他们不仅仅是资产阶级的、资产阶级国家的奴隶,他们每日每时都受机器、受监工、首先是受各个经营工厂的资本者

---

① 马克思、恩格斯:《共产党宣言》,人民出版社1997年版,第50页。

本人的奴役。这种专制制度越是公开地把营利宣布为自己的最终目的，它就越是卑鄙、可恨和可恶"。因此，"在资产阶级社会里，资本具有独立性和个性，而活动着的个人却没有独立性和个性"。因此，在资本主义社会，由于受到资产阶级国家、资产阶级、资本家以及大机器生产的压迫和奴役，人是不自由且被压榨的，人与人是一种赤裸裸的金钱利害关系，人的发展是不全面的、畸形的。从此可以看出，资产阶级虽然带来了生产力的巨大飞跃，但是阻碍人的自由发展，牺牲了人的个性和自由。

正如马克思、恩格斯所说，想要实现"联合体"，要想实现人的自由发展，必须消灭资本主义私有制，推翻现存阻碍人自由发展的制度，建立一个在真正意义上能够实现人的自由发展的联合体。在马克思、恩格斯看来，现在的社会生产力不足以促进资产阶级所有制发展以及资产阶级文明的发展，资本主义生产关系和生产力的发展出现了种种问题，慢慢不适应生产力的发展。资产阶级的灭亡和资产阶级的产生一样是历史必然的阶段。在现代社会，我们只需看一看资本主义经济发展过程中周期性爆发的经济危机，资产阶级的生产关系的狭隘性日益暴露，资本主义已不能容纳他们所创造的财富。资本主义周期性的经济危机的本质实为普遍的生产过剩，大量商品销售不出去，大量生产资料闲置，生产企业破产，工人失业，社会生活陷入一片混乱，整个社会遭到毁灭性的打击。资产阶级只能通过获取新市场、利用旧市场克服现存危机，但是这些不能从根本上解决问题，这也只是为更为残酷猛烈的危机作准备。随着资产阶级的不断发展，资产阶级的掘墓人——无产阶级开始产生并获得了巨大的发展，无产阶级的斗争是与生俱来的，在它产生的同时就已经开始。无产阶级的发展史也就是无产阶级同资产阶级的斗争过程。最初是个别工人、某一工厂、某一劳动部门反对直接剥削他们的单个资产者，分散地并且自发地进行斗争。后来，随着无产阶级人数的增加，从自发斗争发展到有组织的斗争，建立了经常性的团体，成立反对资本家的同盟组织，进行有组织的经济斗争。经过无数次反复的斗争，工人愈来愈团结，把地方性的斗争汇合成全国范围的斗争，把个别工人反对个别资本家和官吏的斗争汇合成整个无产阶级反对整个资产阶级及其政府的阶级斗争，无产者组织成了阶级，组织成了政党。通过对资产阶级和无产阶级的历史研究，马克思、恩格斯指出："随着大工业的发展，资产阶级赖以生产和占有产品的基础本身就从它的脚下被挖掉了。它首先生产的是它自身的掘墓人。资产阶级的灭亡和无产阶级的胜利是同样不可避免的。"[1] 随着无产阶级革命的节节胜利，阶级差别渐渐消失，公共权力开始失去政治性质，全部生产被集中在联合起来的个人手里。"代替那存在着阶级和阶级对立的资产阶级旧社会的，将是

---

[1]《马克思恩格斯选集》第1卷，人民出版社2005年版，第284页。

这样一个联合体，在那里，每个人的自由发展是一切人的自由发展的条件。"①这是马克思以人为本的共产主义思想正式诞生的宣言。

经过长时期的探索与研究，马克思、恩格斯在《共产党宣言》正式文本形成前，曾写过两个草案，第一个就是《共产主义信条草案》，其中写道："共产主义者的目的在于使社会的每一个成员都能完全自由地发展和发挥他的全部才能和力量，并且不会因此而危及这个社会的基本条件。"第二个是恩格斯起草的《共产主义原理》，在《共产主义原理》中恩格斯指出："大工业及其所引起的生产无限扩大的可能性，使人们能够建立这样一种社会制度。在这种社会制度下，一切生活必需品都将生产得很多，使每一个社会成员都能够完全自由地发展和发挥他的全部力量和才能。"②在这一论断中我们可以看出，恩格斯认为在未来，资本主义大工业的发展是每个人能得到充分自由而且全面发展的基础，未来社会将是"一个把每一个人都有完全的自由发展作为根本原则的高级社会形态"。《共产党宣言》中，马克思、恩格斯认为，资产阶级虽然极大地发展了生产力，却是在泯灭了人的个性基础上完成的，实质上限制了人的发展，代替资产阶级旧社会的将是共产主义社会。共产主义社会是一个自由人的联合体，

①《马克思恩格斯选集》第1卷，人民出版社2005年版，第294页。
②《马克思恩格斯选集》第1卷，人民出版社1995年版，第237页。

在那里的每个人都可以获得充分的自由发展，人性得到解放。在我国，这段话在很长时间里被学术界所忽视，直到改革开放才慢慢进入人们的视线，在新世纪初叶受到了高度重视。自从这段话走入人们的视线，学术界的争论也从未停止，许多学者持有不同看法。有的学者认为，集体的发展、"一切人"的发展优先于"每个人"发展，"每个人"的自由发展和"一切人"的自由发展是存在先后顺序的，"每个人"自由发展应该为"一切人"的自由发展奠定基础，为其发展创造条件，不能阻碍其发展。也有学者持反对意见，纵观"每个人"与"一切人"的发展轨迹，"每个人"的自由发展更具有优先性。本文赞同后者的观点。代替资本主义旧社会的最终是共产主义，共产主义是人类的福祉，那是一个全新的社会，是自由人的联合体。共产主义将从根本上改变资本主义"一些人统治，一些人受难"的状况，并非使一部分人得到自由发展，而是使每一个人都获得自由发展。在马克思看来，共产主义是以"每个人"的自由发展为本质特征的，过去那种将"一切人"的自由发展置于优先位置上的做法是应该被摒弃的，是不符合马克思主义共产主义以人为本的信念的。"一切人"的自由发展，必须以"每个人"的自由发展为条件，不能忽视"每个人"自由发展的作用。辩证地看，把"每个人"的自由发展置于优先的位置，并非盲目和不顾一切的，并非每个人只关心自己的发展，而不顾别人的发展以及"一切人"的发展。一切以损害和牺牲别人的利益为代价谋求的自身发展都是同马克思主义共产主义以人为本的信条相违背的，"每个人"的发展应该为其他人的发展以及"一切人"的发展创造条件、奠定基础。恩格斯认为这段关于自由人联合体的著名论断最能代表马克思学说精神的信条，是马克思学说的核心理念，是对马克思共产主义中以人为本信条最好的诠释。这一时期马克思、恩格斯对于资本主义的崩塌表现得很乐观，在共产主义运动的手段方面的阐述显得单薄和简单，但是并未违背《共产党宣言》中以人为本的思想，在大方向上还是积极消除现实社会人不能自由发展的现状，谋求实现人的自由与发展。《共产党宣言》的发表标志着马克思以人为本的共产主义思想的正式确立。《共产党宣言》对共产主义的探讨建立在两方面，一方面是对于资产阶级社会的理性分析，对无产阶级的发展过程、斗争策略和革命进程作了比较具体的阐述，为共产主义社会的实现提供了现实途径和可靠依据；另一方面，较《德意志意识形态》在现实基础上的对于共产主义的本质特征的分析更加深入，马克思共产主义不仅仅要实现一部分的自由发展，更要实现社会每个个体的发展——"一切人"的自由发展。"每个人的自由发展是一切人的自由发展的条件"，也揭示了"每个人"的自由发展和"一切人"的自由发展的辩证统一关系，最终实现的自由人的联合体揭示了马克思共产主义独具的核心理念，因此，《共产党宣言》的发表标志着马克思以人为本的共产主义思想的正式确立，开辟了国际工人运动和社会主义运动的全新局面，成为世界无产阶级最锋利的思想武器。

第三节　以人为本共产主义的代表著作及其主要思想

正如列宁所说的："这部著作以天才的透彻而鲜明的语言描述了新的世界观，即把社会生活领域也包括在内的彻底的唯物主义，作为最全面最深刻的发展学说的辩证法，以及关于阶级斗争和共产主义新社会创造者无产阶级肩负的世界历史性的革命使命的理论。"《共产党宣言》是一部具有划时代意义的伟大著作，它不仅是马克思共产主义诞生的标志，也是以人为本的共产主义思想确立的标志，这对马克思学说的核心理念的确立起了重大作用。后来的马克思的著作都是围绕着这一核心理念展开的，在政治经济学以及现实资本主义社会等方面丰富和发展了以人为本的理念，其中以《1857年—1858年经济学手稿》、《资本论》、《哥达纲领批判》为代表性著作。

一、《1857年—1858年经济学手稿》

《1857年—1858经济学手稿》是马克思黄金时期的研究成果，是如今众多学者极为推崇的一部著作。它对唯物史观最重要的贡献之一是以详尽分析资本主义经济关系为基准，提出了社会发展的"三形态"理论，并提出了市场经济的历史必然性。他将历史进程划分为三大社会形态，《手稿》将其概括为"人的依赖关系"、"物的依赖关系"以及"个人全面发展"，后来在《资本论》中正式将其概括为"直接的社会关系"、"人们之间的物的关系和物之间的社会关系"（即物化的社会关系）以及"自由人联合体"三大社会发展阶段。他说："人的依赖关系（起初完全是自然发生的），是最初的社会形态，在这种形态下，人的生产能力只是在狭窄的范围内和孤立的地点上发展着。以物的依赖性为基础的人的独立性，是第二大形态，在这种形态下，才形成普遍的社会物质交换、全面的关系、多方面的需求以及全面的能力的体系。建立在个人全面发展和他们共同的社会生产能力成为他们的社会财富这一基础上的自由个性，是第三个阶段。第二个阶段为第三个阶段创造条件。因此，家长制的、古代的（以及封建的）状态随着商业、奢侈品、货币、交换价值的发展而没落下去，现代社会则随着这些东西一道发展起来。"①第三阶段就是共产主义阶段，这一阶段是以个体的自由发展为根本特征的，它是在以物为根本的第二阶段，即物的依赖阶段"形成普遍的社会物质交换、全面的关系、多方面的需求以及全面的能力的体系"基础上建立的，也是对第一阶段，即对以人的群体为根本特征的扬

① 《马克思恩格斯全集》第46卷（上），人民出版社1979年版，第104页。

弃和否定之否定。三阶段的主线是以人是否自由为基础，围绕人的自由度展开的，"三形态说"不仅揭示了人类史的发展规律，也丰富了唯物史观，让学者看到了马克思主义社会形态理论的一道亮丽的风景。

"最初的社会形态"，是以人的群体为根本特征的阶段，即人的依赖状态的最初阶段。马克思把原始社会、奴隶社会、封建社会划分到这种社会形态之中。最初的社会形态对应的是资本主义社会之前的生产方式，这是片面自给自足的生产方式，生产力水平低下，个体的生存和发展是依赖于以血缘为基础的共同体。到了奴隶社会、封建社会，虽然社会生产力有了较大提高，但是生产能力仍然非常低下，奴隶主与奴隶、地主与农民之间的人身依附关系依旧普遍存在。马克思将其看作第一个出现的伟大的生产力，这种共同体本身只与有限的生产力相适应。在这一阶段，社会财富不表现为生产的目的，人不管处在怎样狭隘的规定性上，始终表现为生产的目的。人在某一种规定性上不断地再生产出自己。因此，马克思指出："古代世界在人们力图寻求闭锁的形态、形式以及寻求既定的限制的一切方面，确实较为崇高。"①这其实为马克思对于未来社会的构想奠定了基础，他发扬了古代社会崇高的一面。人们最初的社会关系较为简单，还没有形成丰

①《马克思恩格斯全集》第46卷（上），人民出版社1979年版，第486页。

富的社会关系。个体显得比较全面，人和人之间的关系也表现为较明显的人的关系，只是作为具有某种社会规定性的个人之间的相互交往，如封建主和奴仆、地主和农奴或者种姓成员之间，关系较为特定。因此，在社会关系单一的社会中，个人和社会都不可能得到自由而充分的发展，人和社会的发展都受到很大限制。

"随着商业、奢侈品、货币、交换价值的发展"，人的关系被物的依赖关系所代替，也就是以物为根本特征的第二阶段。

在以物为根本特征的第二阶段，获得了以人的群体为根本特征的初级阶段的巨大发展，即在物的依赖状态下，个体的独立性增强了，血统差别、教育差别开始逐渐被打破了。生产的主要目的在于创造交换价值，生产表现为目的，财富则表现为生产的目的。"在交换价值上，人的社会关系转化为物的社会关系；人的能力转化为物的能力"。人对物的依赖开始逐步代替人对人的依赖，人与人之间的社会关系开始异化为物的关系，人获得了较大程度的自主性和独立性，但是人的这种自主性和独立性并不是真正意义上的完全的独立，这种独立性是建立在对于物的依赖为基础上的。在另一方面，这种对物的依赖关系阻碍了个体的发展，这种独立是冷漠的，彼此之间漠不关心，人与人之间的社会关系表现为物与物之间的关系，整个生产关系对于所有个体表现为一种异己性。但"毫无疑问，这种物的联系比单个人之间没有联系要好，或者比以自然血缘关系和统治从属关系为基础的地方性联系要好"。也就是说，在以物为根本特征的第二大社会形态下，资本主义突破了以人的群体为根本特征的阶段，解放了个性自由，社会个体逐渐有了独立性，人是自由的；但是另一方面，人又不是自由的，又是受到物的束缚的，人的自由发展又受到了新的限制和挑战。社会发展的第三大社会形态着眼打破这种物的依赖，争取得到个体的真正自由，从而保护和发展人的独立性。

马克思说："事实上，如果抛掉狭隘的资产阶级形式，那么，财富岂不正是在普遍交换中造成的个人的需要、才能、享用、生产力等的普遍性吗？财富岂不正是人对自然力——既是通常所谓的'自然'力，又是人本身的自然力——统治的充分发展吗？财富岂不正是人的创造天赋的绝对发挥吗？"[①] 他对于把财富作为生产目的的观点是给予肯定的，他认为正是财富体现出了人本身力量的极大发展。在历史的长河中，人的内在本质表现为一种普遍的物化的过程，是这个阶段人的发展的辩证法；而且"这种联系借以同个人相对立而存在的异己性和独立性只是证明，人们还处于创造自己社会生活条件的过程中，而不是从这种条件出发去开始他们的社会生活"。这里所提到的"社会生活"是代替物的依赖状态的社会生活，即"建立在个人全面发展和他们共同的社会的生产能力成为他们的社会财富这一基础上的

---

① 《马克思恩格斯全集》第46卷（上），人民出版社1979年版，第486页。

自由个性",也是马克思理想的社会生活,物的依赖阶段是每一个人的个性将得到自由发展的历史前提。"全面发展的个人——他们的社会关系作为他们自己的共同的关系,也是服从于他们自己的共同的控制的——不是自然的产物,而是历史的产物。要使这种个性成为可能,能力的发展就要达到一定的程度和全面性。这正是以建立在交换价值基础上的生产为前提的,这种生产才在产生出个人同自己和同别人的普遍异化的同时,也产生出个人关系和个人能力的普遍性和全面性"。在物的依赖阶段,"形成普遍的社会物质交换、全面的关系、多方面的需求和全面的能力体系","产生出个人关系和个人能力的普遍性和全面性",也就是说在资本主义阶段全面发展的个体已经生成。理想社会的构建是建立在资本主义阶段中个体获得全面发展的基础上的,加之个体所占有或者共同占有的生产资料,与之相对应的社会关系,理想社会就构建起来了。这三个社会形态并不是相互独立存在的,马克思对未来社会的设想是在对于前两大社会形态的基础上加以分析总结的。以资本主义形态为分界线,前资本主义形态是以人的群体为根本特征的阶段,这一阶段人表现为以生产为目的,社会个体的发展是相对全面的,是以血缘为纽带的发展,主要依赖人与人之间的关系。人的发展虽然全面但并非自由,内容原始并且贫乏,人是不自由的。在资本主义形态中,以人的群体为根本特征的关系逐渐被物的依赖关系所取代,人也是不自由的,人本身的发展片面且不全面。而未来的共产主义社会以扬弃为主要的理念，对以上两大社会形态的科学的分析和总结以及扬弃，是以人的全面发展和共同拥有社会生产成果为基础的，同时摆脱了人对于人的依赖，也摆脱了人对于"物"的依赖，人在真正意义上获得自由发展。社会关系是置于社会成员的控制之下的，另一方面，人的充分自由的发展又推动了社会发展。个人的发展和社会的发展相互促进相互伴随，达到了高度的统一，这才是真正意义上的自由发展。人的全面发展的落脚点是人的自由个性，共产主义以实现人的自由个性为根本目的，这实际上是以人为本的共产主义信条逐渐成熟，走向深化的阶段。马克思共产主义逐步深化了人的自由以及全面发展，是"自由个性"阶段。

二、《资本论》

《资本论》是马克思最为重要的著作之一，他在前几部经济学手稿的基础上，又耗费极大的精力去完成这样一部结合政治经济学、唯物史观与哲学的理论巨著，这就是完成于1867年的《资本论》。它对资本主义社会进行了更为深刻的剖析，凝聚着马克思全部的心血与智慧，为无产阶级的斗争提供了强有力的理论支持。恩格斯如此评价它："没有人比马克思在《资本论》中更加'接近一定的具体的社会状况了'。他用25年工夫来从各方面研究社会现状，而且他的批判工作的结论总是包含一些现今一般可能实现的所谓解决办法的萌芽。"①马克思自己也指出："我要在本书研究的，是资本主义生产方式以及和它相适应的生产关系和交换关系。""本书的最终目的就是揭示现代社会的经济运动规律。"②正是通过对资本主义经济制度和资本主义发展过程的深刻分析，尤其是对剩余价值规律的揭示，马克思得出了资本主义必然灭亡，共产主义必然胜利的结论，使本书成为全世界无产阶级最宝贵的财富之一。

《资本论》一开篇便写道："资本主义生产方式占统治地位的社会的财富，表现为'庞大的商品堆积'，单个的商品表现为这种财富的元素形式。因此，我们的研究就从分析商品开始。"③马克思从"商品"这一微小的事物进入了对资本主义经济的分析。但这种分析并不同于一般的政治经济学，资产阶级的政治经济学总是研究如何致富，考察在经济领域中物与物的关系，马克思则深入到物背后去研究生产中人和人的关系，也就是说，他的分析虽然基于物，但却是真正的有关人的学说。

马克思首先考察了商品的流通领域。在此领域内，占统治地位的是自由、平等和利己之心。买者和卖者在自由和平等的基础上，以劳动力和工资为交换形式进行交换。在这一过程中，商品就是劳动力，而这种商品交换最终的结果是为了达到自我的利

---

① 《马克思恩格斯选集》第3卷，人民出版社1995年版，第222页。
② 马克思：《资本论》第1卷，人民出版社2004年版，第8页、第10页。
③ 马克思：《资本论》第1卷，人民出版社2004年版，第47页。

益。这样一来，资产阶级所宣扬的自由和平等都得到了充分体现，又充分获得了自己的利益，似乎是十分有效的行为。但实际上，一旦离开这一领域，买卖双方都为了更大的利益破坏了平等和自由。这种破坏实际是从生产领域开始的，马克思形象地指出："原来的货币占有者作为资本家，昂首前行；劳动力占有者作为他的工人，尾随于后。一个笑容满面，雄心勃勃；一个战战兢兢，畏缩不前，像在市场上出卖了自己的皮一样，只有一个前途——让人家来鞣。"[①] 工人受剥削的秘密就在生产领域。资本家购买劳动者的劳动力，创造劳动产品，又创造劳动产品的消费，占有劳动产品的利润，工人在资本家的监督下劳动，他的劳动属于资本家，产品是资本家的所有物。这种商品生产的过程，一方面是工人的劳动过程，一方面又是商品价值形成的过程，而价值增殖的秘密就在于对劳动力的使用上：劳动力一天所创造的价值远远大于劳动力自身的价值，"劳动力的价值和劳动力在劳动过程中的价值增殖，是两个不同的量。资本家购买劳动力时，正是看中了这个价值差价"。就是说，工人所创造的商品价值远远大于劳动力这个"力"本身的价值，资本家给工人的工资却仅仅是这个"力"的价值，这种不平衡就是"剥削"。

正是基于对资本家贪婪地剥削工人的揭示，马克思对资本

①马克思：《资本论》第1卷，人民出版社2004年版，第205页。

主义制度进行了更为深刻的揭露和批判。当然，资本主义生产的目的就是生产剩余价值，也就决定了资本家必将尽可能多地剥削劳动力，因为剥削得越多，资本家获得的利润就越多。这种剥削实际上是可以理解的，但不能被原谅的是无限制的剥削，"资本由于无限度地盲目追逐剩余劳动，像狼一般地贪求剩余劳动，不仅突破了工作日的道德极限，而且突破了工作日的纯粹身体的极限"。资本家通过延长工作日和增加劳动强度，夺去了工人的正常发展和正常生活。时间上的无休息和劳动强度的加大使工人从身体到精神都受到了极大的压制和折磨，导致了工人的身心受到伤害甚至死亡。而工人"'只要还有一块肉、一根筋、一滴血可供榨取'，吸血鬼就决不罢休"。

资本主义社会早已进入机器生产的时代，机器的使用可以有效地进行大规模生产，便于资本家获取更多的剩余价值。由于有了机器这一工具，妇女和儿童都可以加入到生产中去，这样工人家庭的全体成员，不分男女老少都受到了资本家的直接统治，使资本家能够更严重地剥削工人家庭。此外，机器劳动还损害了工人的神经系统，压抑其肌肉的多方面运动，夺去其一切自由活动和正常生活。这种损害是难以弥补的，由此，马克思谴责道："在资本主义制度内部，一切提高社会劳动生产力的方法都是靠牺牲工人个人来实现的；一切发展生产的手段都转变为统治和剥削生产者的手段，都使工人畸形发展，成为局部的人，把工人贬低为机器的附属品，使工人受劳动的折磨，从而使劳动失去内容，并且随着科学作为独立的力量被并入劳动过程而使劳动过程的智力与工人相异化；这些手段使工人的劳动条件变得恶劣，使工人在劳动过程中屈服于最卑鄙的、可恶的专制，使工人的生活时间变成劳动时间，并且把工人的妻子儿女都抛到资本的札格纳特车轮下。""在一极是财富的积累，同时在另一极，即在把自己的产品作为资本来生产的阶级方面，是贫困、劳动折磨、受奴役、无知、粗野和道德堕落的积累。"资本主义的生产方式就是这样一个矛盾的统一体，一方面提高了劳动生产力，另一方面使工人变成了劳动的附属品和"畸形物"。这种支出与收入看似平衡，实质上却在一步步破坏着人类的发展，因为"人类本身的发展实际上只是通过极大地浪费个人发展的办法来保证和实现的"。这表示这种生产力的发展在一定程度上也是畸形的，这种收获远远没有其牺牲的地方大。可见，剩余价值理论不单纯是一个经济学问题，更是人的问题，马克思对它的深入探讨则体现了他对现实的人的命运及其发展趋势的密切关注。

马克思在分析了机器大工业生产使工人阶级不断受到剥削和牺牲、劳动力遭到无限制的浪费、社会无政府状态造成了严重的灾难等消极的方面后，又分析了它积极的一面，这主要体现在大工业对人的全面发展的促进。《资本论》原文中写道："大工业又通过它的灾难本身使下面这一点成为生死攸关的问题：承认劳动的变换，从而承认工人尽可能多方面的发展是社会生产的普遍规律，并且使各种关系适应于这个规律的正常实现。大工业还使下面这一点成为生死攸关的问题：用适应于不断变动的劳动需求而可以随意支配的人，来代替那些适应于资本的不断变动的剥削需要而处于后备状态的、可供支配的、大量的贫穷工人人口；用那种把不同社会职能当作互相交替的活动方式的全面发展的个人，来代替只是承担一种社会局部职能的局部个人。"①这表示大工业使工人拥有了流动性，他们可以从一种劳动到另一种劳动，从一个部门到另一个部门，这使工人的全面发展成为可能。这种劳动的变更和流动是大工业生产的积极作用，再加上工业革命、科技进步和发展所促使的生产方式革命化，最终造就了人的自由的真正基础。被贬低了的工人开始学会追求普遍性，追求成为完整的、自由的人，这使政治经济学变成了关于人的解放的科学，使马克思的追求有了实现的可能性，这种解放与实现必然伴随着资本主义的瓦解。因此，书中又写道："随着那些掠夺和垄断这一转化过程的全部利益的资本巨头不断减少，贫困、压迫、奴役、退化和剥削的程度不断加深，而日益壮大的、由资本主义生产过程本身的机制所训练、联合和组织起来的工人阶级的反抗也在不断增长。资本的垄断成了与这种垄断一起并在这种垄断之下

①马克思：《资本论》第1卷，人民出版社2004年版，第561页。

繁盛起来的生产方式的桎梏，生产资料的集中和劳动的社会化，达到了同它们的资本主义外壳不相容的地步。这个外壳就要炸毁了。资本主义私有制的丧钟就要响了。剥夺者就要被剥夺。"[①] 资本主义生产方式一直面临着"死刑的威胁"，而新的生产方式和社会制度，将在资本的积累中成长起来。资本主义的发展本身，为一种新的社会制度创造了基础，尽管资本主义并没有意识到它的作用，但它确实肩负起了这样的责任。这种新的社会制度将代表人的根本利益，对土地和其他生产资料都可以进行和谐的分配，重新建立起属于人的世界，而不是压制人的世界。

詹姆斯·劳洛曾经有这样的表述："去研究资本主义，同时就是去研究实际的共产主义，与唯心主义和空想家的虚无主义途径相反，理解共产主义的唯一科学道路，就是辩证地理解资本主义，把它理解成一个在其'母体'中孕育着共产主义的发展过程"。[②] 由此我们可以看出，《资本论》的真正意义和价值并不仅仅是对资本主义生产方式和经济方式的研究，不仅仅是对物与物之间关系的剖析，而是通过对这些问题的探讨，揭示"物和物的关系掩盖下的人和人的关系"，其重点在于人，其出发点是为了人的命运与前途，其终点也是为了到达人的自由与解放的彼岸，这就是真正的共产主义所面对的问题。

①马克思：《资本论》第1卷，人民出版社2004年版，第874页。
②马克思：《资本论》第1卷，人民出版社2004年版，第683页。

马克思在《资本论》中揭示了现代社会的经济发展规律，同时更深入地揭示了现实社会向共产主义发展的过程和趋势：

第一，揭示了资本家对工人的压制与剥削。资本家不断追求更高的利润和剩余价值，为此不断加大工人的劳动时间和劳动强度，使工人丧失了自己的正常生活和自由世界。种种结果都揭示了资本主义对人的压制与奴役，这种奴役使得资本家愈加贪图对剩余价值的掌握："作为价值增殖的狂热追求者，他肆无忌惮地迫使人类去为生产而生产，从而去发展社会生产力，去创造生产的物质条件；而只有这样的条件，才能为一个更高级的、以每一个个人的全面而自由的发展为基本原则的社会形式建立现实基础。"[①]对剩余价值的追求必然要求生产力的提高，而生产力的提高最终将突破资本主义的限制，要求建立新的制度，因此资本主义不论是从积极性还是消极性上来看，都将走向灭亡，成为共产主义的物质基础。

第二，随着资本主义的发展，生产社会化的优势日益明显，趋势日益突出，同时，其缺陷也愈加凸显。生产资料的集中化、劳动产品的社会化和资本主义生产资料的私人占有之间形成了强烈的矛盾。这种矛盾要求建立一个工人能够参与并行使他们的权力的股份制工厂，类似这种工厂的机构就是向共产主义过渡的角色。

①欧阳康主编：《当代英美哲学地图》，人民出版社2005年版，第644页。

第三，从资本主义的积极性上来讲，资产阶级要求更多的利润，就意味着他们会不断进行发展生产力的研究和实践，这种努力必将使得生产力得到快速的提高，使生产关系得到发展。有了生产力和生产关系的发展，就有利于人的创造，有利于更高级社会形态的产生，因此马克思指出，共产主义代替资本主义是从必然王国到自由王国的飞跃。

第四，《资本论》一书中明确提出共产主义是"以每一个个人的全面而自由的发展为基本原则的社会形式"，这就表示未来社会是"以每一个个人的全面而自由的发展为基本原则"的。未来的共产主义社会以人的全面自由的发展为目标，为了实现这个目标，就绝不应该再出现某些人的个人牺牲，因为共产主义不仅仅要达到全人类的自由发展，也同样重视个人的自由发展，只有个人能够真正自由而幸福地生活，全人类才能到达幸福的彼岸。这样一来，以人为本的共产主义理念必须得到进一步深化，使人真正认识到个人的重要性，而不仅仅是集体至上。因此可以毫不夸张地说，《资本论》不是一般的经济学论著，而是关于无产阶级和人类解放的学说，是工人阶级的最宝贵的思想财富。

三、《哥达纲领批判》

《哥达纲领批判》是一般人所不太了解的马克思主义论著，它并不像《手稿》或《资本论》那样老少皆知，但也有着不可忽视的重要地位。它在马克思以人为本的共产主义思想的发展中占领着制度上的高地，是国际共产主义运动的纲领性文件。如果说，《手稿》代表以人为本的共产主义的初步提出；《德意志意识形态》和《共产党宣言》代表以人为本的共产主义思想得以形成和确立；《资本论》通过对资本的剖析揭示了共产主义的必然；那么在《哥达纲领批判》中，马克思则通过对德国党纲的批判，提出了自己的一套对未来社会的国家制度、发展阶段、分配制度等方面的构想，这些构想进一步丰富了马克思以人为本的共产主义思想。

本书完成于1875年5月，原名叫作《德国工人党纲领批注》，后改为《哥达纲领批判》。当时马克思写作这本书仅仅是为了对德国工人中的两个党派之间的合作提出意见，因此并没有公开发表本书，直到1891年，恩格斯为了反对德国党内的机会主义思潮，才将此书公开发表。书中马克思指出："在资本主义社会和共产主义之间，有一个从前者变为后者的革命转变时期。同这个时期相适应的也有一个政治上的过渡时期，这个时期的国家只能是无产阶级的革命专政。"这是马克思第一次明确地将共产主义社会分为"第一阶段"和"高级阶段"两个阶段。后来列宁将共产主义的第一阶段称为社会主义阶段，他这样说道："是刚刚从资本主义社会中产生出来的，因此它在各方面，在经济、道德和精神方面都还带着它脱胎出来的那个旧社会的痕迹。"[①]这一阶段中还存在着不同劳动之间的对立和劳动产品的分配问题，这些都有资本主义的色彩。正如马克思认为按劳分配仍然是一种资产阶级权利一样，"他以一种形式给予社会的劳动量，又以另一种形式领回来"。[②]它符合等价交换的原则，也就是一种形式的一定量劳动同另一种形式的同量劳动之间的交换。当然，这和资本主义条件下的等价交换相比，在内容和形式上都发生了很大的改变。

此时，人们只为社会提供劳动，只有个人的消费资料属于个人财产。社会实行按劳分配，从原则和实践上不再相互矛盾，这原本是一种进步，但马克思认为资产阶级仍然限制着这种平等的权利。平等的观念在于用"劳动"这相同的尺度来计量，它虽然不承认阶级差别，但承认人的体力或是智力的差别，仅仅默认人的天然特权，而不去考虑不同人的具体的家庭状况，这是用相同的尺度去衡量不同的个人，表面是平等的，事实上是不平等的。"但是这些弊病，在经过长久阵痛刚刚从资本主义社会产生出来的共产主义第一阶段，是不可避免的。权利绝不能超出社会的经济结构以及由经济结构制约的社会的文化发展"。[③]也就是说，这些弊病的存在仍然有着其必然存在的原因，特别是它赖以产生的社会经济结构和社会文化的发展决定了这种状况有历史的必然

①《马克思恩格斯选集》第3卷，人民出版社1995年版，第304页。
②《马克思恩格斯选集》第3卷，人民出版社1995年版，第304页。
③《马克思恩格斯选集》第3卷，人民出版社1995年版，第305页。

性。而"在共产主义社会高级阶段，在迫使奴隶般地服从分工的情形已经消失，从而脑力劳动和体力劳动的对立也随之消失之后；在劳动已经不仅仅是谋生的手段，而且本身成了生活的第一需要之后；在随着个人的全面发展，他们的生产力也增长起来，而集体财富的一切源泉都充分涌流之后，——只有在那个时候，才能完全超出资产阶级权利的狭隘眼界，社会才能在自己的旗帜上写上'各尽所能，按需分配'"。[①]随着"奴隶般地服从分工的情形"这一状况的消失，脑力劳动和体力劳动之间的对立也消失了，劳动成为了生活的第一需要，个人得到了全面发展，生产力也随之高度发展，社会的财富随之增长。只有在这样的物质极大丰富的条件下，社会才能打破资产阶级的特殊权利，实行各尽所能，按需分配的制度，这是由"必然王国"通往"自由王国"的现实之路。按需分配是共产主义社会的基本分配原则，是实现人的自由和全面发展的重要条件，也是共产主义社会区别于其他社会形态的主要标志。按需分配的实行能够保证每个人的合理需求得到最大限度的满足，这样人们的潜能就会得到充分发挥，而真正成为自由全面发展的人，能够在社会中起到更好的作用。

马克思在《哥达纲领批判》中描述了他对未来社会的构想，明确地提出了在资本主义社会与共产主义社会之间有一个过渡时

[①]《马克思恩格斯选集》第3卷，人民出版社1995年版，第305-306页。

期，共产主义社会又有第一阶段和高级阶段之分。也就是说，共产主义并不能马上实现，革命胜利后并不能马上进入完善的共产主义社会，而是要在其初级阶段，也就是列宁所说的社会主义阶段进行发展和巩固，这是一个由低级向高级进化的过程，我们在这个过渡期中要坚定地坚持共产主义信仰，并不断发展生产力，对社会和人进行深化的改造，以期早日达到共产主义社会。

在对未来社会进行构想的过程中，马克思勾勒了未来社会国家制度的体系。他认为："在共产主义社会中，国家制度会发生怎样的变化呢？换句话说，那时有哪些同现在的国家职能相类似的社会职能保留下来呢？这个问题只能科学地回答，否则，即使你把'人民'和'国家'这两个词联结一千次，也丝毫不会对这个问题的解决有所帮助。"在这个未来的社会里，国家不再是高高在上的、压制人奴役人的强力机关，而是全心全意为人民服务的机构，是完全为了人的自由发展而服务的。"自由就在于把国家由一个高踞社会之上的机关变成完全服从这个社会的机关"。那么这种服务于人民的国家究竟是什么样子？马克思紧接着回答说："到那时'现代国家制度'现在的根基即资产阶级社会已经消亡了。""在资本主义社会和共产主义社会之间，有一个从前者变为后者的革命转变时期。同这个时期相适应的也有一个政治上的过渡时期，这个时期的国家只能是无产阶级的革命专政。"这里，马克思描述了资本主义向共产主义发展的阶段，和这个阶段过程中会面临的社会状况。他所提出的这个过渡时期，必须进行无产阶级的专政统治，因此，无产阶级必须进行武装夺权，推翻资产阶级的政权，建立属于广大人民群众的服务型国家。只有这样，人才有成为自由人的基础条件。

第四节 马克思共产主义的根本目的：自由人的实现

在前文中我们提到，马克思主义的目标是实现完全的个人自由的社会，这也是马克思共产主义的根本目的。在《共产党宣言》中，马克思、恩格斯指出："代替那存在着阶级和阶级对立的资产阶级旧社会的，将是这样一个联合体，在那里，每个人的自由发展是一切人的自由发展的条件。" 在《资本论》中，马克思进一步指出：共产主义是"以每一个个人的全面而自由的发展为基本原则的社会形式"。①也就是说共产主义的最终目标和宗旨都是为了人的自由，为了给人类建造一个真正自由的和谐社会。在马克思看来，未来社会的人是自由人，未来社会是自由人的联合体。本节将在"现实的人"、"异化的人"的基础上讲述什么是"自由人"，什么是"自由人的实现"。

①马克思：《资本论》第1卷，人民出版社2004年版，第683页。

一、现实的人

马克思对人的理解是建立在费尔巴哈的人论基础之上的，在费尔巴哈之前的旧唯物主义者从人的自然生命出发去认识人，这就导致他们只看到了人的动物性，也就是自然性的一面，而没有看到人类的能动性。费尔巴哈则突破这种旧传统，他从人的自然性出发，最终却达到了人的感性能动性的一面，人来源于自然却又高于自然，具有自我的意识和能动性，这就是费尔巴哈与之前旧唯物主义者的不同之处。遗憾的是，尽管费尔巴哈突破了旧的传统，提出了新的看法，但他却局限于此，并没有能够从具体的实践活动和社会关系中去理解人，他所说的"人"也就只能成为抽象的个人，缺少了实践性。而与唯物主义不同的唯心主义者却恰恰相反，他们过分强调了人的主观能动性，以至于到了夸大的地步，使人脱离了现实的社会，这是唯心主义的弱点所在。与以上两方均不同的是，马克思一方面总结了双方的弱点和缺陷，一方面看到了他们正确的地方，由此，马克思所提出的人就不仅仅是"抽象的人"，而是真真正正现实的人，是生活在现实世界中的、集能动性与实践性于一身的。

实际上，马克思提出的"现实的人"的概念早在《黑格尔法哲学批判》一书中就出现了。书中写道："现实的人

（国家是由人们组成的）一次又一次地重新表现为国家的实质。"①"表现为国家的实质"意味着现实的人必定是生存在社会关系中的人，而不是孤独的个人。在《〈黑格尔法哲学批判〉导言》中，马克思进一步指出："人不是抽象的蛰居于世界之外的存在物。人就是人的世界，就是国家、社会。"②这里的"人"尽管还没有超出费尔巴哈的人的概念，但明确强调了人的社会性质。马克思对人的理解离不开对社会关系的梳理，这就意味着他必将把人联系到现实的经济生活中去，因为经济生活中的人将展现出他们最为真实又最为特殊的状态，于是《手稿》便承担了这个责任。马克思在《手稿》中已经突破了费尔巴哈的人的概念，但也并没有完全摆脱抽象的人。正如恩格斯所言："对抽象的人的崇拜，即费尔巴哈的新宗教的核心，必定由关于现实的人及其历史发展的科学来代替。这个超出费尔巴哈而进一步发展费尔巴哈观点的工作，是由马克思于1845年《神圣家族》中开始的。"③在《神圣家族》一书中，马克思认为现实的人就是生活在现实世界中并受到这一世界规则制约与束缚的人。然而，他对现实的人作出更明确、更详细的论述的则是在《德意志意识形态》中通过对德国哲学的批判完成的。马克思、恩格斯指出："我们不是从人们所说的、所

①《马克思恩格斯全集》第1卷，人民出版社1956年版，第276页。
②《马克思恩格斯选集》第1卷，人民出版社1995年版，第1页。
③《马克思恩格斯选集》第4卷，人民出版社1995年版，第241页。

设想的、所想象的东西出发，也不是从口头说的、思考出来的、设想出来的人出发，去理解有血有肉的人。我们的出发点是从事实际活动的人"。[1]从现实的个体的人出发，在马克思看来，这是认识人的真正路径，是符合实际生活的观察方法，是实现自由的前提条件。

为了更清楚地明白什么是"现实的人"，我们可以从以下几个方面进行具体分析：

第一，现实的人是有生命的个人。"有生命的个人"与"无生命的个人"是相对的，这种"无生命"指的就是一种完全幻想出来的、或抽象出来的人。在这一方面，哲学史上最为著名的当属黑格尔，他把人看作纯粹精神的产物，是人的自我意识的映照和幻象。费尔巴哈的贡献则是把黑格尔唯心主义颠倒了的存在与思维的关系问题重新颠倒过来，发现了人的真实。他认为人是"自然的人"，是感性的人，是肉体与精神的统一。马克思对费尔巴哈的思想进行了整理与吸收，同时剔除了不合理的成分，超越了他的局限。因为尽管在费尔巴哈那里，人是有血有肉的活生生的人，但这种仅仅存在于感性范围内的"现实的、单个的、肉体的人"显然并不能成为真正的人。马克思认为，真正的人必须是要生存在物质条件的基础之上的，只有满足了生活最基本的需

①《马克思恩格斯选集》第1卷，人民出版社1995年版，第73页。

要，人才有生存的可能。因此，任何有关人的理论体系必须承认并且重视这一点，只有这样，历史才能真正反映人的生活和人的精神。而现实的人作为有生命的个人，就是要将人类社会、历史与自然联系起来。

作为有生命的个人，首先需要面对的是人与自然这一对象性的关系。在人与自然的关系中，人既征服自然，又被自然所征服，人既是主动的，又是被动的，这种双面的关系使得人与自然愈加密不可分。自然界首先是作为一种完全与人不同的力量与人相对立，而后又与人类发展出了相互依存的关系，马克思对此这样描述："这里和任何其他地方一样，自然界和人的同一性也表现在，人们对自然界的狭隘的关系制约着他们之间的狭隘的关系，而他们之间的狭隘的关系又制约着他们对自然界的狭隘的关系，这正是因为自然界几乎还没有被历史的进程所改变；但是，另一方面，意识到必须和周围的人们来往，也就是开始意识到人一般是生活在社会中的。"①由此，自然界被人类带入了生产社会，成为人的不可分割的一部分。

第二，现实的人是社会关系中的个人。马克思有一句大家耳熟能详的名言："人是一切社会关系的总和。"这句话表明，只有在社会关系中的人才是真正的人。我们曾经听说过许多关于

①《马克思恩格斯全集》第3卷，人民出版社1960年版，第35页。

"狼孩""野人"之类的故事，可以想象，这些脱离了社会的人，尽管他们在生命上是属于人的，但是它们没有属于人的能动性和创造力，没有属于人的社会生活和物质生产，就不能真正成为人。脱离了物质生产的人，就是虚假的，是没有根源和无法发展的。马克思、恩格斯指出："这是一些现实的个人，是他们的活动和他们的物质生活条件，包括他们已有的和由他们自己的活动创造出来的物质生活条件。"又说："现实中的个人，也就是说，这些个人是从事活动的，进行物质生产的，因而是在一定的物质的、不受他们的任意支配的界限、前提和条件下活动的。"①这种对物质生产的重视，也就是对劳动的重视，是经历了不同的阶段的。首先是著名的唯心主义哲学家黑格尔，他在某种意义上把劳动视为人的本质属性，但他所说的劳动是抽象的精神的劳动，而不是现实生活中的劳动；到了费尔巴哈那里，他虽然把人看作感性的对象，但他仍然停滞于人的抽象性上，而从来没把人看成现实存在的、活动的人。

事实上，人们的感性劳动和创造是一种连续不断的状态，而且现实的人的生产状况决定着他们的生存状况和发展态势。"他们是什么样的，这同他们的生产是一致的——既和他们生产什么一致，又和他们怎样生产一致"。人们在社会生活和物质生

①《马克思恩格斯选集》第1卷，人民出版社1995年版，第67页、第71-72页。

产中受到生产力的制约，社会关系则制约着人的发展，决定着人所能发展的程度。在各个国家的历史中，我们都能看到支持上述结论的例子，众多思想家和哲学家都注意到了社会与人的发展之间的关系。以欧洲哲学家的思想为例，亚里士多德看到了人对国家的依赖，因此他说人是政治的动物，将人的本质与社会性联系到了一起；圣西门则进一步关注现实生活中的人，强调人的现实状况；费尔巴哈则像前文所描写过的那样强调人的自然性与抽象性，但同时他也认识到了社会对人所产生的巨大作用，认为人是社会的人、文化的人、历史的人，缺少任何一个方面，人都不是完整的。这些哲学家们认识到人在一定的社会生活中的重要性，但他们的缺陷在于仅仅从政治上、自然上和情感上去分析，却忽略了物质生活和社会生产，不从物质生活和社会生产出发，就无法从根本上理解人，因此，必须将社会关系这一方面当作理解现实的人的出发点和重中之重，这也就是为什么马克思会说"人的本质不是单个人所固有的抽象物，在其现实性上，它是一切社会关系的总和"。①

由此，现实的个人可以归结为以下几点：首先，个人不是凝固的、僵硬的，而是活动的、从事物质生产的个人，人具有创造性和能动性，是自由而充满情感的；其次，个人不是能够单独

①《马克思恩格斯选集》第1卷，人民出版社1995年版，第56页。

生存的、脱离社会的人，而是必须存在于社会生产中的个人，是由生产的物质条件和社会关系所决定的人。不管人如何想要摆脱这些社会性，都不能否认两者实质上的联系，人永远都是存在于社会关系中的人。因此，要从人们现实生活中的物质生活条件、生产方式、社会关系等方面来考察人，这样才能揭示现实中的具体的、活生生的人。同时，社会关系的制约也说明人是一种受动存在物，他受到历史和现实的物质生活条件、社会关系的制约，具有历史的局限性；再次，个人是在"感性活动"的历史中生成的，这种感性活动的历史实际上就是劳动。尽管黑格尔没有把劳动看作感性活动，但他把人的产生看作一个过程，在《手稿》中，马克思如此评价："黑格尔的《现象学》及其最后成果——辩证法，作为推动原则和创造原则的否定性——的伟大之处首先在于，黑格尔把人的自我产生看作一个过程，把对象化看作非对象化，看作外化和这种外化的扬弃；可见，他抓住了劳动的本质，把对象性的人现实的因而是真正的人理解为他自己的劳动的结果。"①而在《在德意志意识形态》中，马克思又批评了费尔巴哈对人的理解停留于对人的单纯的直观和单纯的感觉上，而没有把人看作历史的产物，但我们需要强调的就是人的现实性，"人们的存在就是他们的现实生活过程"，现实的个人是"在一定条

---

①马克思：《1844年经济学哲学手稿》，人民出版社2000年版，第101页。

件下进行的发展过程中的人"。每一代人都是在其祖祖辈辈的累积的基础上进行新的生活和发展的，他们不断改造环境，也发展自身，使人类永远行走在提高的路途上，这条路是从无数代人之前就开始开拓的，是从历史中发展出来的。

马克思强调人是社会中的人，而且是一定社会中的人，离开了社会，个人就无法生存。现实中可能会发生社会中的人流落到荒野的事情，但这是十分罕见的事情。在这里，马克思主要从个人与社会的关系来分析个人，强调个人是在一定的社会中进行生产的个人。从以上分析可知，马克思所说的现实的个人就是有生命的个人，也就是社会生产中的个人。有生命的个人和社会生产中的个人是有机地统一在一起的，是他们丰富的需要把二者联系统一起来的，因此，不可忽略的，现实的个人是有着丰富需要的人，这是下面将要讲述的一点。

第三，需要是人的本性。人的需要的满足，是人的本质力量的体现，当他的需要越丰富、满足程度越高，他的本质力量就越能得到发展和完善。在《手稿》中，马克思把需要看作人的本质力量的确证。人作为一种有生命的自然存在物，一方面，需要"作为欲望存在于人身上"，表明人"具有自然力、生命力，是能动的自然存在物"；另一方面，"他的欲望的对象是作为不依赖于他的对象而存在于他之外的"，表明人"是受动的、受制约的和受限制的存在物"。而这些对象是人的需要的对象，是表现和确证人的本质力量不可缺少的对象。而人由于感到自己是受动的，从而成为有激情、有理想的存在物，"激情、热情是人强烈追求自己的对象的本质力量"。①这种追求的过程就是满足自己需要的过程，也就是确证自己本质力量的过程。

需要是人的本性这一观点首先出现在《德意志意识形态》中，书中写道："在任何情况下，个人总是'从自己出发的'，但由于从他们彼此不需要发生任何联系这个意义上来说他们不是唯一的，由于他们的需要即他们的本性，以及他们求得满足的方式，把他们联系起来（两性关系、交换、分工），所以他们必然要发生相互关系。"②需要是人的本性就意味着人的生命直接反映为他的需要，因此我们说从现实的、个体的人出发，就是从人的需要出发。而人的需要首先体现为生存的需要，也就是吃喝住行等基本需求，"已经得到满足的第一个需要本身、满足需要的活动和已经获得的为满足需要而用的工具又引起新的需要"；生存需要之上，是民族繁衍的需要。繁殖也是人为了延续种族生命的一种基本需要，这种需要的满足导致人口的增多，而人口的增多则又带来新的需要。由此分析，"需要"从一开始就决定了人与人之间的关系，甚至于语言也一样是由于人的需要才被创造的，"语言也和意识一样，只是由于需要，由于和他人交往的迫切需

① 马克思：《1844年经济学哲学手稿》，人民出版社2000年版，第105页、第107页。
②《马克思恩格斯全集》第3卷，人民出版社1960年版，第514页。

要才产生的"。^①可见，人的需要是人的本质的和内在的规定性，一旦离开了人的需要，也就没有了活生生的、具体的个人，也就从根本上否定了人本身，因而需要是人的全部生命活动的根据和动力。马克思曾经批评施蒂纳不加思考地接受了基督教的辩证法：人的肉体、人的欲望不属于人自己，但事实上，"基督教一直未能使我们摆脱欲望的控制，纵使从圣麦克斯偷偷地塞进基督教的那种狭隘的小市民的意义上去理解这种欲望的控制"。这意味着，人永远不能摆脱他的需要，没有了需要的人也就没有办法继续生存，无论从物质上，还是精神上。

人的生命活动是从需要开始的。我们上文说了，首先是生存需要和生理需要，如吃、穿、生殖等需要，在这些基础需要之上，发展出了略高级一些的需要。例如，社会交往的需要，"意识到必须和周围的人们来往"；享受的需要，"享受和生活乐趣"；精神的需要和发展的需要等。"由于人类自然发展的规律，一旦满足了某一范围的需要，又会衍生出、创造出新的需要。"在这些需要之上，人类又会有新的需要产生。需要的发展是没有止境的，"人以其需要的无限性和广泛性区别于其他一切动物"。而人的实践活动就是要为了满足人的这种处于不断发展中的需要，从而能够推动社会不断从低级向高级发展。人作为有

①《马克思恩格斯选集》第1卷，人民出版社1995年版，第81页。

意识的存在物，其需要也总是被意识到并且以欲望、动机、目的等各种形式表现出来。正是因为有需要，人才能够不断要求外部世界的前进与发展，因为旧的世界将无法满足新的需要。这样一来，就会产生行动的欲望与动机，推动人的实践活动的开展，从而将人与动物之间的活动区分开来。"一个种的整体特性、种的类特性就在于生命活动的性质，而自由的、有意识的活动恰恰就是人的类特性"。人的活动是有意识有目的的高级活动，而动物的活动只是为了满足它们的生存，这是在它们的生存本能之下开展的活动，与人的活动完全没有可比性。

马克思把人的需要作为人的本性，由此我们可以形成这样的认识：第一，需要是人的全部实践活动的内在根据和根本动力。"任何人如果不同时为了自己的某种需要和为了这种需要的器官而做事，他就什么也不能做"。人在社会中生存，他们的劳动都是为了满足他们的利益，而利益就是通过社会关系表现出来的人的不同的需要。早在1842年主办《莱茵报》时期，马克思就提出了"人们奋斗所争取的一切，都同他们的利益有关"①。第二，每个人的需要是不同的，各自不同的需要及其满足造就了不同的人，使人充满独特的个性与自由气息。个人的需要只有通过自己的活动才能得到满足，这也促进了人们对力量的不断追逐。"在

①《马克思恩格斯全集》第1卷，人民出版社1956年版，第82页。

现实世界中，个人有许多需要，正因为如此，他们已经有了某种职责和某种任务"，不同的职责和任务使人成为不同的"我"，也使人有了不同的新的需要和活动。第三，人的需要是在历史中和社会物质生活中逐渐形成的，不同的社会环境决定了人的不同需要以及这些需要的满足程度。人的需要是在实践中、在改造人自身自然本性的基础上不断地形成和发展起来的，历史和环境对人的需要有着重大的影响。在马克思的思想中，他这样表达："欲望是否成为固定，就是说它是否取得对我们的无上权力（不过这并不排斥进一步发展），这决定于物质情况、'丑恶的'世俗生活条件是否许可正常地满足这种欲望，另一方面，是否许可发展全部的欲望。而这最后一点又决定于我们的生活条件是否容许全面的活动因而使我们一切天赋得到充分的发挥。"①第四，由于人的需要是人的全部活动的根据和动力，因此人面对的对象世界拥有需要的意义与价值，因为"价值"这个概念是从人们满足自己的需要的外部世界中获得的，也就是从对象性的关系中产生的。在对象性活动中，人们对需要的对象进行加工改造，致力于打造一个能够满足人的各种需要的对象世界，而这个世界的价值也会因此体现出来。

总之，"只要按照事物的本来面目及其产生根源来理解事

---

① 《马克思恩格斯全集》第3卷，人民出版社1960年版，第286页。

物，任何深奥的哲学都会被简单地归结为某种经验的事实"。马克思也是通过经验事实来确认对人的理解的，他的学说也是以探讨未来社会自由人为出发点的，这里的人是现实的、具体的、社会的、历史的个人。这主要体现在：人是一种自然的存在，他是有血有肉的活生生的人，有丰富的需要，是肉体存在和精神存在的统一；人同时是一种社会性的存在，它包括了实践活动和对世界的实际关系，而在阶级社会中，人必然受到阶级关系的制约，成为阶级的人；人还是一种历史性的存在，他在改造对象世界的实践活动过程中，努力发展着自身。综上所述，马克思认为，"人"是真正的现实与理想的人，既有现实的活动基础，又有理想的自由追求。"作为确定的人、现实的人，你就有规定、就有使命、就有任务，至于你是否意识到这一点，那都是无所谓的。这个任务是由于你的需要及其与现实世界的联系而产生的"。马克思就是从现实的个人出发去设想未来社会的人。在现实社会，现实的个人就是现实资本主义社会的人，马克思称其为异化的个人、偶然的个人。

二、异化的人

资本主义早期阶段，由于生产力的迅速发展，生活财富增长巨大，而人的主体性地位却遭到了挑战，这与当时的社会状况形成了鲜明的对比。人的尊严受到严重的践踏，人的自由发展受到了强烈的压制。马克思为了使人摆脱这种尴尬的"非人"的状态，开始研究并致力于解决解放人类的问题，而他首先提出的一个用于描写人的现实生存状况的概念就是"异化"。

从"异化"一词的来源上讲，它原是一个宗教概念，主要指的是人在虔诚的默祷中使人脱离肉体而和上帝合二为一，有脱离、疏远之意。直到近代，西方思想家开始将这个概念运用在哲学上，比较突出的是卢梭在《社会契约论》中对异化这一概念的运用，这里异化被规定为一种损害人正当权利的否定活动。卢梭强调文明社会中的个体意识是不真实和受支配的，这种被支配的状态使人在现实社会中不能成为其自身，不能存在于他所应该存在的自然状态下。这种要求自由与实际上被支配的矛盾状态，可以看作一种现代性的对抗和内在的批判。到了黑格尔那里，异化在"否定性辩证法"中是一个基本概念，主要指的是作为主体的绝对观念向自然界和人类社会的外化，人通过劳动实践实现了观念的外化和对象化。直到费尔巴哈进一步把异化概念运用到对人的本质的分析上，提出了上帝是人的本质的异化这一重要观点。在费尔巴哈的基础上，马克思继承并改造了这一概念，将异化的概念主要移向人的物质精神活动方面。人的物质生活及其产物在异化的过程中变成异己的力量支配人本身，使人失去了主体的地位，成为受奴役、被压抑的人，人性发生了扭曲，理智失去了作用。

马克思对异化的人的解释在他的每一部著作中几乎都有涉及，我们以下面几部论著为例，分析一下不同论著中对异化的人的不同论述。

首先，在《论犹太人问题》中，马克思对现实资本主义社会的异化问题就有所阐述。他说："在所谓基督教国家，实际上发生作用的不是人，而是人的异化。" 在这些基督教国家中，占统治地位的仍然是信仰的关系。在市民社会里，"人——不是某一个人，而是一切人——是有主权的人，是有最高权力的人，但这是无教化、非社会的人，偶然存在的人、本来面目的人、被我们整个社会组织败坏了的人、失掉自身的人、自我排斥的人、被非人的关系和势力控制了的人，一句话，还不是真正的类存在物。"这里的"主权"，指基督教的幻象、幻梦和基本要求。它们作为异己的存在物支配着人，人创造了宗教却被宗教所束缚，使人丧失了其自身，成为宗教的附属。如果说，在这里马克思对异化问题的认识还局限于费尔巴哈异化观的范围的话，那么在文章的第二部分中，马克思对犹太人精神的分析则完成了对费尔巴哈的超越。犹太人的精神可以理解为对金钱的追求，而在资本主义社会中，马克思看到了资产阶级会对金钱的追求带来的人的异化和社会的异化，"钱是从人异化出来的人的劳动和存在的本质；这个外在本质却统治了人，人却向它膜拜" 。这意味着，人的异化必然会通过经济而深入，因此在他的著作《资本论》中，他从经济方面论证了人的异化。

《资本论》及《手稿》是马克思花费很大精力进行的有关资本主义社会研究的理论成果。马克思根据社会的发展以及自己深入的研究，对资本主义社会中能够引起异化的物品进行了分析，主要是对货币和被资本支配的全面异化的个人作了深入的探索和阐述。我们在上文中已经对《资本论》作了初步的介绍，在这里不再赘述，而同样对资本主义经济进行分析的另一本书就是《手稿》，下面我们也会对它进行分析。

在《德意志意识形态》中，马克思曾谈到，人们之间通过货币相联系，而在《资本论》及手稿中则进一步分析由货币经济带来的社会关系的全面异化。在资产阶级社会里，"活动和产品的普遍交换已成为每一单个人的生存条件，这种普遍交换，他们的互相联系，表现为对他们本身来说是异己的、无关的东西，表现为一种物。在交换价值上，人的社会关系转化为物的社会关系；人的能力转化为物的能力"。每个个人的劳动产品或活动首先转化为交换价值，也就是货币，然后才能以物的形式占有社会权力。这意味着，虽然个人进行的是社会生产，但并不是直接的社会中的生产。"个人从属于像命运一样存在于他们之外的社会生产；但社会生产并不从属于把这种生产当作共同财富来对待的个人"。这种生产的进行，使得人与人之间发生普遍异化，个人之间的关系也随同物的关系的异化形式而出现，物开始独立于人之外，不再被人所控制，而成为控制人们之间关系的异己力量。结果是，"个人受不以他为转移并独立存在的关系的限制"，个人开始生活在全面异化的、不再真实的社会关系之中。

在《手稿》中，马克思分析异化的人的重要概念是异化劳动，在《资本论》及《手稿》中，"劳动的异化"仍然是他分析"异化的人"的重要的出发点，我们在前文中解释了异化劳动的概念，这里则分析异化劳动对人的异化的作用。

马克思首先重点分析了劳动条件和劳动之间的异化，这是随着资本的发展而发生的。"以交换价值为基础的生产，即在表面上进行着上述那种自由和平等的等价物交换的生产，从根本上说，是作为交换价值的物化劳动同作为使用价值的活劳动之间的交换；或者可以换一种说法，是劳动把劳动客观条件——因而也是把劳动本身所创造的客体性——看作是他人财产的关系：劳动的异化"。"在资本中劳动的这些条件是和工人相分离的，是作为一种独立的东西与工人相对立的。只有当工人的劳动本身事先为资本所占有的时候，工人才能把这些条件当作劳动条件来对待"。[1]像原文中描述的一样，随着劳动生产力的增长，物化的劳动也必然增长，这有利于劳动时间的缩短和剩余价值的增多。劳动力的增长使得工人的职责更加明确，他们只是负责看管机器，

[1]《马克思恩格斯全集》第46卷（下），人民出版社1980年版，第350页。

其他的一切则都由机器来自动完成，"工人自己只是被当作自动的机器体系的有意识的肢体"。这样，"科学通过机器的构造驱使那些没有生命的机器肢体有目的地作为自动机来运转，这种科学并不存在于工人的意识中，而是作为异己的力量，作为机器本身的力量，通过机器对工人发生作用"。达到的结果就是，工人不再是他自己的劳动的主人，而是被劳动所束缚，被劳动条件所使用。工人因此失去了肉体的生活和运动，他们不断被压制和剥削，成为机器一般的附属品，甚至不如机器的地位高。这种状况渐渐从工人波及到妇女和儿童身上，"机器怎样通过占有妇女劳动和儿童劳动增加资本剥削的人身材料，机器怎样通过无限度地延长工作日侵吞工人的全部生活时间，最后，机器的发展虽然使人们能在越来越短的时间内提供数量惊人的产品，但又怎样作为系统的手段，用来在每一时刻内榨取更多的劳动或不断地加强对劳动力的剥削"。这是对工人的无人性的折磨，因此，工人必须团结起来反对这种异化所带来的严重后果，反对机器的束缚，为自己的生存条件讨说法。

除了上述的严重后果之外，物化劳动的另一大缺陷是拥有对"活劳动"的所有权，也就是说，资本占有着他人的劳动，资本支配着工人。只要资本不再需要工人所付出的劳动，工人就成为多余的而可以随时被抛弃的。其实，资本从一产生，就使所有生产服从自己。社会上其他一切的发展都被资本当作再生产的前提，落入资本的圈套以被资本利用来实现价值的增值。"生产力、一般财富、知识等的创造，表现为从事劳动的个人本身的异化；他不是把他自己创造出来的东西当作他自己的财富的条件，而是当作他人财富和自己贫困的条件"。资本在人之外拥有了一种特殊的社会权力，使整个社会陷入无理性的混乱与欲望之中。

由于资本和货币作为独立和异己的力量统治着人和整个社会，商品拜物教由此形成，这是一种类似宗教崇拜的东西，但却比宗教更能凸显人的缺陷。在《手稿》中，马克思曾引用莎士比亚的话把货币比作有形的神明，形象地描述了货币，它使人的一切特性发生颠倒和混淆，是人的本性所应该排斥的东西。在《资本论》中，马克思则深刻地分析了商品拜物教产生的根源。"商品形式的奥秘不过在于：商品形式在人们面前把人们本身劳动的社会性质反映成劳动产品本身的物的性质，反映成这些物的天然的社会属性，从而把生产者同总劳动的社会关系反映成存在于生产者之外的物与物之间的社会关系。由于这种转换，劳动产品成了商品，成了可感觉而又超感觉的物或社会的物"。①如果我们用宗教世界做比喻，就会发现，"在那里，人脑的产物表现为富有生命的、彼此发生关系并同人发生关系的独立存在的东西"，而在商品世界中，劳动产品也表现为"富有生命的、彼此发生关

①马克思：《资本论》第1卷，人民出版社2004年版，第89页。

系并同人发生关系的独立存在的东西"，马克思把这种现象叫作
"拜物教"，它源于商品生产的劳动中所特有的社会性质。与商
品拜物教类似的是"货币拜物教"，由于商品交换必须运用货
币，这种形式就有了掩盖真实的可能性，"商品世界的这个完成
的形式——货币形式，用物的形式掩盖了私人劳动的社会性质以
及私人劳动者的社会关系，而不是把它们揭示出来"。货币拜物
教和商品拜物教具有相同的根源。此后，随着货币到资本的转
化，资本拜物教也产生了。著名的西方马克思主义学者卢卡奇就
是在不知道马克思《手稿》的情况下，仅从《资本论》第1卷的商
品和商品拜物教出发，就推导出了资本主义社会普遍存在的异化
现象。也正是对人的这种异化的现实生存状况的揭示，马克思把
政治经济学这门关于物的学科，转变为一种关于人的学科。值得
注意的是，尽管成熟时期的马克思很少再运用"异化"这个词，
但人的异化问题始终是他所关注的，因为它是人在现实社会中必
须面对的、普遍存在的问题。

马克思用"异化的人"来表示现实的人的生存状态，一方面
有道德上的谴责，另一方面也有客观和历史的分析。正如资本主
义的必然存在一样，异化现象也有暂时的历史必然性。马克思指
出："这种颠倒的过程不过是历史的必然性，不过是从一定的历
史出发点或基础出发的生产力发展的必然性，但绝不是生产的某
种绝对必然性，倒是一种暂时的必然性，而这一过程的结果和目

的（内在的）是扬弃这个基础本身以及过程的这种形式。"①随着社会的发展，人的异化将最终被扬弃。"异化的人"是个人和社会发展的一个不可避免的阶段，是在现实资本主义社会，即在"物的依赖关系"的阶段中人的生存状态，只有经历这一状态并克服这一状态，对这一阶段进行扬弃，那么真正的、自由的、完整的个人才能在历史中生成。

三、自由人

主办《莱茵报》时期，马克思曾按照黑格尔理性国家的原则提出了"自由人"的概念，这里的自由主要是指精神上的自由，充满了理性的抽象，这种构想也是对理想人的构想。随着研究的深入，马克思关于未来社会中自由人的思想逐步清晰，并且将其建立在科学的基础上。在《手稿》《资本论》以及其他著作中，马克思不断深化他对"自由人"理念的分析。他在分析历史的前提下，从现实的个人出发，再对现实资本主义社会中人的"非人"状况进行了充分的分析，在此基础上，马克思提出未来社会的人是自由人，是人成为真正的人。

第一，自由人首先是无产阶级获得解放的结果，这一结果落实到每一个个人身上，都使他们成为真正的自己，获得人的尊

①《马克思恩格斯全集》第46卷（下），人民出版社1980年版，第361页。

严。人本主义的目的是实现个人的自由，而马克思的目的首先是实现无产阶级的解放。无产阶级的解放和全人类的解放是统一的，但在全人类的解放中，又时刻关注着个人的尊严问题，这是马克思最为突出的成就。其他人所强调的个人，也只不过从他们自身出发，为了实现他们个人的自由而已，而马克思则是为了全人类，更为了每一个个人，让每一个人都成为自由人，这是马克思共产主义理想的崇高性和普遍性。马克思的共产主义从现实的个人出发，又最终归到每个人的全面而自由的发展上去。恩格斯曾指出："要不是每一个人都得到解放，社会本身也不会得到解放。"①既然不断强调每一个人的全面而自由的发展，就不仅仅是某些人的，而是所有人的，同时更要具体到"个人"身上。因为人的全面而自由的发展不落到每一个个人身上，这就是一句空话，自由人联合体也不会有任何实际意义。

第二，自由人在于每一个"个人"都必须得到"全面而自由的发展"。未来社会是"以每一个个人的全面而自由的发展为基本原则"的社会形式，"每一个个人的全面而自由的发展"是未来社会自由人的存在状态。现在很多人只关注人的自由发展，但既不说什么是真正的全面，也不说什么是真正的自由，这种回避的态度是不符合马克思本意的。在马克思的文本里，他所说的未

①《马克思恩格斯选集》第3卷，人民出版社1995年版，第644页。

来社会的自由人是"全面发展的个人"，同时又是"自由发展的个人"，是马克思通过不同渠道对自由人状态的不同描述，全面发展和自由发展显然是无法分开的，而且全面发展的结果往往就表现在人的自由的获得上，自由的人和人的自由是马克思这一思想的落脚点和根本目的。

第三，人的自由的真谛在于人的自我意识。作为主体的人拥有他的自主自觉性，即"自由个性"，才是自由。如恩格斯所说，人通过劳动的实践，使他成为自然界、社会和自己的主人，这就是人的自主性。恩格斯在《反杜林论》中指出："自由不在于幻想中摆脱自然规律而独立，而在于认识这些规律，从而能够有计划地使自然规律为一定的目的服务。""自由就在于根据对自然界的必然性的认识来支配我们自己和外部自然"。[①]对此毛泽东同志评价道："欧洲的旧哲学家，已经懂得'自由是必然的认识'这个真理。马克思的贡献，不是否认这个真理，而是在承认这个真理之后补充了它的不足，加上了根据对必然的认识而'改造世界'这个真理。'自由是必然的认识'——这是旧哲学家的命题。'自由是必然的认识和世界的改造'——这是马克思主义的命题。"[②]也就是说，马克思、恩格斯认为人是在认识这种必然性，并改造世界的过程中，即在劳动的实践中获得他的自由的。

① 《马克思恩格斯选集》第3卷，人民出版社1995年版，第455页、第456页。
② 《毛泽东著作选读》下册，人民出版社1986年版，第485页。

在共产主义社会，劳动不再是在他人的强迫下完成的，而是人的主体性活动的充分展现，是自由自觉的劳动。"自由劳动，就是一种主体劳动，就是一种反映和表现了劳动主体的自觉性、自主性和自为性的劳动。""'自由活动'——在共产主义者看来这是'完整的主体'的从全部才能的自由发展中产生的创造性的生活表现"。"这种自主活动就是对生产力总和的占有以及由此而来的才能总和的发挥"。人的自由主体性通过人的主体能力体现出来，一个人的主体能力越强，就越能更好地认识必然性，在改造世界的实践中，也就享有更高的自由度。

总之，马克思的"自由人"概念就是每一个个人全面而自由的发展的"自由个性"的理想人的存在状态。这种理想的自由人的描述不是随意空想出来的，而是在现实的人和资本主义社会异化的人的基础上，经过周密的思考和严肃的考察而生成的概念。这种生成将是一个长期的历史过程，也是一个必然的结果，但是，这种生成不能仅仅依靠几个人来完成，而是需要集体的努力，"个人的全面性不是想象的或设想的全面性，而是他的现实关系和观念关系的全面性。由此而来的是把他自己的历史作为过程来理解，把对自然界的认识（这也表现为支配自然界的实际力量）当作对他自己的现实体的认识。发展过程本身被当作是并且被意识到是个人的前提"。要做到这一点，首先必须充分发展生产力，并在此基础上发展整个人类。个人不可能单独实现他的自由发展，必须在一种共同体中，依靠自由人的联合体来完成。

第五节　马克思共产主义的社会理想：自由人的联合体

我们曾经在前文中提到过，共产主义的本质是自由人的联合体，这并不是虚妄的空话，而是要从现实的个体的人出发，在批判资本主义旧世界的过程中发现共产主义新世界。现实中的个人是生活在一定的社会关系中的，一定会受到各种社会关系的制约。依照马克思的观点，众人的合作形成了交错复杂的社会关系，因此在个人的共同活动中必定会结成共同体，个人的发展和共同体的存在与发展有着紧密的联系。根据《现代汉语词典》的解释，共同体是指人们在共同条件下结合成的集体，可见共同体和集体可以通用，从实质上来说，它们都是人的联合。人们结合成什么样的共同体，究其根本是由生产力水平来决定的，在不同的生产力水平条件下会结成不同形式的共同体，不同的共同体在个人的发展以及个人的自由方面的影响是不同的。

马克思在批判资本主义社会时，揭示了其内部的矛盾，提出了"必须推翻那些使人成为受屈辱、被奴役、被遗弃和被蔑视的东西的一切关系"[1]，这种关系成了束缚人的枷锁。自由人联

---

[1]《马克思恩格斯选集》第1卷，人民出版社1995年版，第10页。

合体，就是要打破这种枷锁，将人的关系以及人的世界还给人自身，建立一个属于人的社会。在马克思眼中，只有自由人联合体才是真实的共同体，过去的共同体都是虚假的、卑鄙的、令人失去自我的。

马克思曾经说过："我们越往前追溯历史，个人，从而也是进行生产的个人，就越表现为不独立，从属于一个较大的整体：最初还是十分自然地在家庭和扩大为氏族的家庭中；后来是在由氏族间冲突和融合而产生的各种形式的公社中。只有到18世纪，在'市民社会'中，社会联系的各种形式，对个人来说，才表现为只是达到他私人目的的手段，才表现为外在的必然性。"[①]马克思这里讲的进行生产的人"从属于较大的整体"说的是在前资本主义阶段人的生存状况，那时候个人从属于许多形式的共同体，生产者成了共同体的一个天然的成员。最初的共同体大多是由血缘关系自然维系而成的，到后来发展为以人身依附的关系为特点的共同体。在马克思的观点里，自然形成的共同体会对人的发展产生两方面的影响：一方面是马克思把共同体看作第一个出现的伟大生产力。表现为个人特性的主观生产力和客观生产力，"根据古代的观点，人，不管是处在怎样狭隘的民族的、宗教的、政治的规定上，毕竟始终表现为生产的目的"，个人是比较全面

[①]《马克思恩格斯选集》第2卷，人民出版社1995年版，第2页。

的，但是仍然没有办法形成自己的丰富的关系；另一方面是自然形成的共同体会在狭窄的范围和孤立的地点限制个人的发展，尽管这种发展仅仅是个人对共同体原有关系进行的再生产，一开始就表现出了局限性。"这里，在一定范围内可能有很大的发展，个人可能表现为伟大的人物。但是，在这里，无论个人还是社会，都不能想象会有自由而充分的发展，因为这样的发展是同原始关系相矛盾的"。总而言之，共同体是劳动主体生产力发展的一个阶段，与当时有限的生产力水平是适应的。伴随着生产力的发展，自然形成的共同体一定会发生解体。

资本主义阶段的个人并不再像以前那样依赖自然形成的共同体，他们放开了人身依附的关系，放开了狭隘关系的束缚，因而获得了自身独立性——这是个人自由得以全面发展的基础，这是历史的进步，它要归功于商品交换的发展。在普遍交换的情况下，人能够获得形式上的平等与自由，人的需要、才能、享用、生产力这些都能够得到普遍发展，人的自由度就增加了。同时，"人的内在本质的这种充分发挥，表现为完全的空虚，这种普遍的物化过程，表现为全面的异化，而一切既定的片面目的的废弃，则表现为为了实现某种纯粹外在的目的而牺牲自己的目的本身"。古代世界以人作为生产的目的，而资本主义社会，财富表现成了生产的目的，货币这一财富的物质代表成了统治人的一个抽象的共同体，世俗的致富的欲望支配了人，马克思因此认为古代世界显得较为崇高，因为那时的人们心思单纯，不像现代社会这样唯利是图。在资本主义社会中，人用没有个性的占有货币作为目的，同时使自己个性的发展受到了限制，"表现为完全的空虚"。人们不再继续从属于自然共同体，但是也没有成为自觉的共同体成员而使共同体从属于自己，结果就是共同体成了独立的、外在的、随机的、和个人相对立的、物的东西。在这种共同体中，个人的自由发展会受到限制。"这种个人自由同时也是最彻底地取消任何个人自由，而使个性完全屈从于这样的社会条件，这些社会条件采取物的权力的形式，而且是极其强大的物，离开彼此发生关系的个人本身而独立的物"。国家由此也暴露了它占有统治地位的根本属性，因此，马克思曾说，"留恋那种原始的丰富，是可笑的"，同样，"相信必须停留在那种完全空虚之中，也是可笑的"。[1]我们要怀抱坚定的信念，人类已经走出了原始的丰富，也一定会走出完全的空虚。未来社会中，每个个人都会得到全面而且自由的发展，自由人联合起来形成的共同体将不再限制个人发展，而将是个人自由发展的条件。当然这些是以物的依赖阶段作为前提的。

在马克思的观点中，未来社会将是自由人的联合体，即与虚幻的共同体相对应的真实的共同体。马克思在1842年在《科隆日

---

[1]《马克思恩格斯全集》第46卷（上），人民出版社1979年版，第109页。

报》的社论中批评道："不是把国家了解为相互教育的自由人的联合体，而是了解为被指定接受上面的教育并从'狭隘的'教室走进'更广阔的'教室的一群成年人的人群"。[①]首次提出了理想的国家应当是"相互教育的自由人的联合体"，那时的马克思还深受黑格尔的影响，他所说的自由人联合体只是资产阶级的理性国家，不过他认为国家应当实现人的自由，个人与整体的生活应打成一片，就是说人和集体应当和谐相处，这些基本原则都是符合理性和人性的。恩格斯于《英国状况——十八世纪》中指出，基督教世界比农奴制更不符合人性，人成了物的奴隶，颠倒了人的位置，指出它"是人类走向自由的自主联合以前必经的最后阶段"，[②]继而提出未来社会应是"人类走向自由的自主联合"的思想。1845年马克思与恩格斯合著了《德意志意识形态》，通过对人类的历史及虚幻的共同体的分析，他们认为"共产主义和所有过去的运动不同的地方在于，它推翻一切旧的生产和交往关系的基础，并且破天荒第一次自觉地把一切自发产生的前提看作世世代代的创造，消灭这些前提的自发性，使它们受联合起来的个人的支配"。在他们的观点中，未来社会将会是自觉的个人的联合体，将是真实的集体，"在真实的集体的条件下，各个个人在自己的联合中并通过这种联合获得自由"。1847年，马克思于《哲

---

①《马克思恩格斯全集》第1卷，人民出版社1956年版，第118页。
②《马克思恩格斯选集》第1卷，人民出版社1995年版，第25页。

学的贫困》中写道："劳动阶级在发展进程中将创造一个消灭阶级和阶级对立的联合体来代替旧的市民社会，从此再不会有原来意义的政权了。"^① 这里，马克思提出未来的社会以消灭阶级和阶级对立为目标的联合体，将不会再有新的阶级统治出现，被压迫阶级将获得解放而成为自由人，那时的联合体可以说就是自由人的联合体了。在《共产主义原理》中，恩格斯曾指出：在未来社会，"由社会全体成员组成的共同联合体来共同地和有计划地利用生产力"。^②在《共产党宣言》里面，马克思、恩格斯那句"代替那存在着阶级和阶级对立的资产阶级旧社会的，将是这样一个联合体，在那里，每个人的自由发展是一切人的自由发展的条件"，^③我们现在已相当熟悉。马克思在《资本论》中更是明确提出了"自由人联合体"的说法，马克思说："让我们换一个方面，设想有一个自由人联合体，他们用公共的生产资料进行劳动，并且自觉地把他们许多个人劳动力当作一个社会劳动力来使用"。"如果我们设想社会的资本主义形式已经被扬弃，社会已被组成为一个自觉的、有计划的联合体。"在《社会主义从空想到科学的发展》中，恩格斯谈到过生产力，当人拒绝理解它的本性和性质时，它就是盲目的、强制的而且有破坏的作用，"它的本性一旦能够被理解，它就会在联合起来的生产者手中从魔鬼似

①《马克思恩格斯选集》第1卷，人民出版社1995年版，第194页。
②《马克思恩格斯选集》第1卷，人民出版社1995年版，第243页。
③《马克思恩格斯选集》第1卷，人民出版社1995年版，第294页。

的统治者变成顺从的奴仆"。①在这里恩格斯提到了未来社会将会是生产者的联合。在《家庭、私有制和国家的起源》里面，恩格斯曾说："在生产者自由平等的联合体的基础上按新方式来组织生产的社会，将全部国家机器放到它应该去的地方，即放到古物陈列馆去，同纺车和青铜斧陈列在一起。"②恩格斯再次指出了在未来社会中国家将会消亡，社会将以"生产者自由平等的联合体"作为基础。对以上马克思、恩格斯对未来社会共同体这一提法进行简单梳理，就可以看出马克思对于自由人联合体思想是一以贯之的。尽管马克思前期的思想依然建立在抽象理性的基础上，但在1845年后就建立在了科学的历史观基础上。

对理解马克思的自由人联合体需要从以下几个方面入手。首先，自由人联合体取代了虚幻的共同体，以真实的集体形式出现在我们面前。马克思、恩格斯曾指出："个人力量（关系）由于分工转化物的力量这一现象，不能靠从头脑里抛开关于这一现象的一般观念的办法来消灭。"要重新驾驭物的力量并消灭分工，"没有集体，这是不可能实现的。只有在集体中，个人才能获得全面发展其才能的手段。也就是说，只有在集体中才可能有个人自由。"③这个集体不同于过去虚幻的集体，以某种独立的东西同各个个人相对立，同时统治阶级成员因为属于这一阶级有一定

①《马克思恩格斯选集》第3卷，人民出版社1995年版，第754页。
②《马克思恩格斯选集》第4卷，人民出版社1995年版，第174页。
③《马克思恩格斯全集》第3卷，人民出版社1960年版，第84页。

程度的个人自由，而被统治阶级则处于被支配的地位，缺乏个人自由，发展受到约束。"在真实的集体的条件下，各个个人在自己的联合中并通过这种联合获得自由"。共产主义社会是各个个人的联合组成的共同体，人不是以阶级成员而将是以个人身份参与到共同体的建设中去，个人将会是共同体的基础。"在控制了自己的生存条件和社会全体成员的生存条件的革命无产者的集体中，个人是作为个人参加的。它是个人的这样一种联合（自然是以当时已经发达的生产力为基础的），这种联合把个人的自由发展和运动的条件置于他们的控制之下。而这些条件在从前是受偶然性支配的，并且是作为某种独立的东西同各个个人对立的"。在真实的集体里，联合起来的个人可以驾驭和控制自己所有的社会物质生活条件。同时，共同体的发展不再会以牺牲个体作为代价，结束了必须牺牲一些人的利益以满足另一些人的需要这样的状况，而将是以个体的自由发展作为前提和基础。"它排除一切不依赖于个人而存在的东西"，共同体将不外在于个人，使个人隶属于共同体而受其统治和支配，而是共同体从属自觉的共同体的成员，成了个人的自由发展的条件，集体则成为了以"每个人自由发展为一切人自由发展的条件"的联合体。任何凌驾于个人之上的共同体都不是真实的集体，而是马克思所描述的虚幻的集体。真实的集体必须由所有人组成，而不是只由一部分人组成，一定是所有的人在自觉自愿的基础上组成的联合。

在《共产党宣言》中，马克思这样解释代替旧社会资产阶级的联合体："在那里，每个人的自由发展是一切人自由发展的条件"。他分析了资产阶级和无产阶级的生活状态，可以看到，资产阶级社会中，工人仅仅是为了增殖资本而活，而且只是增殖资本的手段而已，因此只有资本具有了独立性和个性，而活动着的个人并没有个性和独立性。共产主义要消灭的是资产者理解的独立性、个性和自由，也就是资产者的自由和个性。但"共产主义并不剥夺任何人占有社会产品的权力，它只剥夺利用这种占有去奴役他人劳动的权力"。也就是说，未来的联合体内，每一个人都会拥有占有社会产品的权力，但是任何人都不能用占有的财富支配、统治、奴役他人。并且生产资料不再同社会个体成员相分离，而应该属于全体社会成员。积累起来的劳动不是用来去压榨人，而是提高、扩大、丰富人的生活。由此可见，在共产主义社会中，消灭的仅仅是资产者的独立性、个性和自由，但却实现了每一个人的独立性、个性和自由。有人质疑共产党人是要消灭家庭，这种说法也是荒谬无礼的，是一种曲解和误会。马克思、恩格斯曾说：现代的家庭"是建立在资本上面、建立在私人发财上面的"。①共产主义将要消灭的是资产者的家庭，以及无产者的恶劣的、无尊严的生活。马克思、恩格斯反过来诘问资产者：

---

① 《马克思恩格斯选集》第1卷，人民出版社1995年版，第289页。

"你们是责备我们要消灭父母对子女的剥削吗？我们承认这种罪状。"[1]因为未来社会中，家庭内部人与人之间都是平等的。书中还记载了很多资产者的无礼责问，如社会教育、公妻制等方面，马克思、恩格斯都给出了反驳。从马克思、恩格斯驳斥资产阶级的种种责难中，就可以看出共产主义是消灭了资产阶级的独立、个性和自由，消灭了人对人的剥削，包括父母对子女的剥削、男性对妇女的剥削、民族对民族的剥削、资本家对工人的剥削，而实现了一切人的独立、个性和自由。马克思在驳斥了资产阶级的责难之后，又分析了工人革命的步骤和措施。"当阶级差别在发展进程中已经消失而全部生产集中在联合起来的个人的手里的时候，公共权力就失去其政治性质。原来意义上的政治权力，是一个阶级用以压迫另一个阶级的有组织的暴力"。当无产阶级通过革命上升成为统治阶级的时候，消灭了旧的生产关系的同时，也就消灭了自身作为一个阶级存在的条件。然后马克思说出了关于未来社会是自由人联合体的那段话。在这段话中，马克思、恩格斯再一次指出在未来社会，阶级和阶级对立将会被消灭，个人不再隶属于任何阶级，而是作为个人参与共同体，未来社会里公共权力失去了政治性质，彻底服务于大众。在《反杜林论》里，恩格斯指出，存在着阶级对立的社会都需要国家——一个剥削阶级

---

[1]《马克思恩格斯选集》第1卷，人民出版社1995年版，第290页。

的组织。而当国家真正成了整个社会的代表时，也就没有了需要镇压的阶级，同时它自己的存在也就成为多余的了。"那时，国家政权对社会关系的干预在各个领域中将先后成为多余的事情而自行停止下来。那时，对人的统治将由对物的管理和对生产过程的领导所代替"。阶级、国家的消亡的过程，也就是社会变成由自由劳动者们自愿联合而形成自由人联合体的过程。一切人、所有人都会得到自由发展，这将是以每个人的自由发展作为条件的。也就是说，只有能够保证每个人的自由发展的共同体才是真正的集体，即自由人联合体。

许多人都根据马克思曾说的"只有在集体中，个人才能获得全面发展其才能的手段，也就是说，只有在集体中才可能有个人自由"，[①]认为集体高于个人，但马克思曾指出，凌驾于个人之上的都只是虚假的共同体。未来社会将是"自由人联合体"，因为联合体的定语是"自由人"，所以说个人的自由发展才是共同体的基础，而且个人只有在集体中才能够获得自由，也只有联合起来的个人能占有生产力的总和，进而掌握自己的生存条件，因此共同体成了个人自由发展的条件。共同体是离不开个人的，个人的发展同时也离不开共同体，二者相互依存，相辅相成。自由人将是这个社会的主体、主人，而自由人联合体则是实现每一个人

---

① 《马克思恩格斯全集》第3卷，人民出版社1960年版，第84页。

自身的全面而自由的发展形成的理想的社会形式。由此可见，马克思对于共同体的探索是同个人的自由发展紧密联系在一起的，探索在什么样的条件下能够实现个人的自由。自由人联合体的价值在于为个人的自由发展提供了条件，即只有在自由人联合体中，个人才能获得全面而自由的发展。

第四章　中国特色社会主义是共产主义实践的代表

　　中国特色社会主义与马克思主义理论是一脉相承的关系，之所以说它是共产主义实践的代表，是因为它是在历史的考验下，结合中国实际形成的理论体系，它指引着中国向着共产主义的方向不懈努力，引导中国人为共产主义事业奋斗终身；同时，中国特色社会主义也是目前世界上共产主义实践的最优秀的代表之一，它充分说明了马克思等前辈的理论的科学性，为共产主义理论在时间上的纵深扩展和空间上的横向扩展起了良好的模范作用。在这一章中，我们会着重介绍毛泽东思想和中国特色社会主义理论体系的内涵，因为只有理解了共产主义旗下的每一个点，才能画好共产主义的辉煌画卷。我国为建设和发展中国特色社会主义所作出的每一分努力、所提出的每一个概念，都是为了能更好地走向共产主义自由和幸福。

　　中国特色社会主义，就是在中国共产党领导下，立足基本国情，以经济建设为中心，坚持四项基本原则，坚持改革开放，解放和发展社会生产力，巩固和完善社会主义制度，建设社会主义市场经济、社会主义民主政治、社会主义先进文化、社会主义和谐社会，建设富强、民主、文明、和谐的社会主义现代化国家。中国特色社会主义是中国共产党对现阶段纲领的概括，其科学涵义是要求把马克思主义的普遍真理同本国的具体实际结合起来，走适合中国特点的道路，逐步实现工业、农业、国防和科学技术现代化，把中国建设成为富强、民主、文明、和谐的社会主义国家，即一方面要坚持马克思主义的基本原理，走社会主义道路；另一方面必须从中国的实际出发，不照抄、照搬别国经验、模式，而是走具有中国特色的道路，而这一理论是中国几代党中央和领导人不断探索出来的道路，是最适合中国发展的道路。

第一节　毛泽东思想

毛泽东思想，是马克思列宁主义普遍原理和中国革命具体实践相结合的产物。它是以毛泽东同志为主要代表的中国共产党人，运用马克思主义的立场、观点和方法，对中国长期革命和建设实践中的一系列独创性经验作了理论概括而形成的适合中国情况的科学的指导思想。它是马克思列宁主义在中国的运用和发展，是被实践证明了的适合中国革命和建设的正确的理论原则和经验总结，是中国共产党集体智慧的结晶。

毛泽东思想的形成有其必然的原因和基础：近现代中国社会和革命运动的发展需要它来指导中国革命走向胜利；新的社会生产力的增长和工人运动的发展成为毛泽东思想产生和形成的物质基础；新文化运动的兴起和马克思列宁主义的传入与传播，是毛泽东思想的产生和形成的思想理论条件；中国共产党领导的革命和建设的实践成为其实践基础。

中国共产党自成立起，就以马克思列宁主义为指导，开始了中国革命崭新的历程。以毛泽东同志为主要代表的中国共产党人，根据马克思列宁主义的基本思想，对中国革命实践中的一系列独创性经验作了理论概括，形成了适合中国特殊情况的科学的指导思想，这便是毛泽东思想。长期以来，不论在国际共产主义运动中，还是在中国共产党内部，都存在并曾盛行把马克思主义教条化、把共产国际决议和苏联经验神圣化的错误倾向，这种倾向曾导致中国革命遭遇了一些起伏和坎坷。而毛泽东思想正是在克服这种错误倾向的斗争中形成和发展起来的。

从民主主义革命一直到新中国建立，毛泽东思想也完成了从形成到深化的过程，其间对中国共产党和中国人民产生了深远的影响，对中华人民共和国的成立和发展有着重大的意义。毛泽东同志在长期艰苦斗争中，不断学习和考察马克思主义理论体系，把辩证唯物主义和历史唯物主义运用于中国共产党的全部工作当中，形成了实事求是、群众路线和独立自主等具有中国共产党人特色的立场、观点和方法。也正是因为坚持了这些立场、观点和方法，他才能创造性地发展马克思列宁主义，提出系统的、完整的关于中国革命的科学理论、战略策略和一系列路线方针政策。

1945年4月23日至6月11日，中国共产党第七次全国代表大会在延安召开。七大的一个重大历史性贡献就是确立了毛泽东思想作为党的指导思想并将其写入党章。新的党章指出："毛泽东思想，就是马克思列宁主义的理论与中国革命的实践之统一的思想，就是中国的共产主义，中国的马克思主义。"党章规定："中国共产党以马克思列宁主义的理论与中国革命的实践之统一的思想——毛泽东思想，作为自己一切工作的指导方针，反对任何教条主义的或经验主义的偏向。"七大之后，全党在毛泽东思想的指引下，团结一致，为中国共产主义事业作出了不懈的努力。

毛泽东思想包含着丰富的内容，它以独特的视角和符合中国实际的理念丰富和发展了马克思列宁主义，成为中国特色社会主义理论体系的基础。其思想的独创性则主要表现在以下几个方面：第一，关于新民主主义革命。毛泽东同志从近代中国的历史和社会状况出发，研究中国革命的特点及其规律，发展了马克思列宁主义关于无产阶级在民主革命中的领导权的思想，创立了无产阶级领导的、以工农联盟为基础的、人民大众的、反对帝国主义、反对封建主义和官僚资本主义的新民主主义革命的理论。第二，关于社会主义革命和社会主义建设。毛泽东同志和中国共产党依据新民主主义革命胜利所创造的向社会主义过渡的经济政治条件，采取社会主义工业化和社会主义改造并举的方针，实行逐步改造生产资料私有制的具体政策，从理论和实践上完成了在中国这样一个人口众多、经济文化落后的大国中建立社会主义制度的艰难任务。毛泽东同志提出的把人民内部的民主和对反动派的专政互相结合起来就是人民民主专政的理论，丰富了马克思列宁主义关于无产阶级专政的学说。在社会主义制度建立以后，毛泽东同志又提出了一系列具有战略意义的正确思想和方针，对后来的中国特色社会主义建设道路的探索具有重要的指导意义。第三，毛泽东同志总结了中国长期革命战争的经验，系统地提出了建设人民军队的思想，提出了以人民军队为骨干，依靠广大人民群众，建立农村根据地，进行人民战争的思想。第四，在政策和策略上，毛泽东同志指出政策和策略是党的生命，是革命政党一切实际行动的出发点和归宿，必须根据政治形势、阶级关系和实际情况及其变化制定党的政策，把原则性和灵活性结合起来，而不是僵硬地遵守教条。第五，在党的建设问题上，毛泽东同志特别注重从思想上建党，提出党员不但要在组织上入党，而且要在思想上入党，经常注意以无产阶级思想改造和克服各种非无产阶级思想。第六，在思想政治工作和文化工作上，毛泽东同志也提出了很多有建设性和长远意义的理论。

毛泽东思想是马克思主义中国化第一次实现历史性飞跃的理论成果，是中国共产党和中国人民历尽艰辛获得的宝贵的精神财富，是中国革命和建设的科学指南，是中华民族的精神支柱。它对中国社会主义的建设有着不可替代的作用，是我们必须坚持的科学的理论，是中国在坚持共产主义理想道路上的一座丰碑。而邓小平理论就是对毛泽东思想的坚持和进一步发展。

第二节　邓小平理论

邓小平理论，是以邓小平同志为主要创立者，以建设有中国特色社会主义为主题的理论。邓小平理论是马克思主义中国化的一大理论成果，是中国共产党获得的与苏联模式不同的社会主义建设经验的理论总结，并且是在毛泽东思想基础上发展而成的，是结合中国实践的时代特征形成的重要理论体系。党的十五大报告指出：邓小平理论"是在和平与发展成为时代主题的历史条件下，在我国改革开放和现代化建设的实践中，在总结我国社会主义胜利和挫折的历史经验并借鉴其他社会主义国家兴衰成败历史经验的基础上，逐步形成和发展起来的。"这是对邓小平理论形成与发展的高度概括。

邓小平理论是当代中国的马克思主义，是马克思主义在中国发展的新阶段。这个理论之所以能够成为马克思主义在中国发展的新阶段，主要有以下几个原因：首先，邓小平理论坚持解放思想、实事求是，在新的实践基础上继承前人又突破陈规，开拓了马克思主义的新境界。其次，邓小平理论坚持科学社会主义理论和实践的基本成果，抓住"什么是社会主义，怎样建设社会主义"这个根本问题，深刻地揭示社会主义的本质，把对社会主义的认识提高到新的科学水平。再次，邓小平理论坚持用马克思主义的宽广眼界观察世界，对当今时代特征和总体国际形势进行正确分析，作出了新的科学判断。第四，邓小平理论形成了新的建设有中国特色社会主义理论的科学体系，是真正符合中国时代特征的思想精华。

邓小平理论第一次比较系统地初步回答了中国社会主义的发展道路、发展阶段、根本任务、党的领导和依靠力量以及祖国统一等一系列基本问题，指导我们党制定了在社会主义初级阶段的基本路线。它是贯通各个方面的比较完备的科学体系，又是需要从各方面进一步丰富发展的科学体系。

党的十一届三中全会以来，邓小平理论指引我们进行拨乱反正和全面改革，逐步实现了从"以阶级斗争为纲"到以经济建设为中心、从封闭半封闭到改革开放、从计划经济到社会主义市场经济等一系列重大转变，使我国实现了政治稳定、经济发展、民族团结，社会生产力、综合国力和人民生活都上了一个大台阶，成功地走出了一条具有中国特色的社会主义新道路。

现在看来，尽管国际国内的形势在不停变化，但是邓小平理论为我们确立的基本思想依然有着现实的和长远的指导意义。在我们推进中国特色社会主义的伟大事业的过程中，仍然要继续围绕"什么是社会主义、怎样建设社会主义"这个首要的、基本的理论问题，紧紧抓住实事求是的思想路线，不断解放思想；紧紧抓住和深入领会"两手抓，两手都要硬"的基本方针，推动经济社会的全面发展；贯彻执行"一个中心、两个基本点"的基本路线；努力完成分"三步走"的战略，基本实现现代化的战略任务等。这些根本性的方针，关系到中国特色社会主义的命运和前途，我们必须坚持不懈地以这些理论为基础，努力建设中国特色社会主义，迈向共产主义自由的明天。

第三节 "三个代表"重要思想

"三个代表"重要思想是江泽民同志提出的符合时代新精神的理论，其基本内容是，我们党要始终代表中国先进生产力的发展要求，我们党要始终代表中国先进文化的前进方向，我们党要始终代表中国最广大人民的根本利益。它不仅是党的建设的重大课题，同时，它还事关改革开放和"两个文明"建设的成败，事关全党、全国工作大局，事关党和国家的前途命运，是我们党的立党之本、执政之基、力量之源。

作为立党之本，"三个代表"保证了我党的先进性和历史使命。作为中国工人阶级的先锋队，坚持"三个代表"重要思想能够让中国共产党得到人民的支持和拥护，且经得起任何风浪和冲击。

作为执政之基，"三个代表"重要思想进一步加深了我们对于中国共产党党性的认识，党的执政地位是历史赋予的、人民赋予的。我们党能够执政，并且能够执好政的基础，从根本上来说，就在于能够代表中国先进生产力的发展要求，代表中国先进文化的前进方向，代表中国最广大人民的根本利益。我们党执政的内容和任务，就是要不断解放和发展中国社会的生产力，增强综合国力，推进社会发展，就是要不断建设和发展社会主义文化，弘扬民族精神；就是要全心全意为人民服务，维护最广大人民的根本利益，不断满足人民群众日益增长的物质文化生活需要。在新的历史时期和新的社会情况下，我们党治国理政的任务更加艰巨，所要解决的问题也更多、更复杂，只有坚持"三个代表"，我们才能始终用好人民赋予的执政权力，无愧于历史赋予的执政地位；才能不断提高我们的执政水平，巩固我们的执政基础。

作为力量之源，"三个代表"重要思想保证了我党始终从根本上促进中国社会生产力的发展，推动中国文化的进步，真真正正地为人民办实事、谋实益。这是我们全部力量的源泉所在，也是我们不断成功和发展的原因所在。

"三个代表"重要思想是对马克思主义的新发展和新实践，是对毛泽东思想和邓小平理论的继承和发展，是对科学社会主义的概括和创新，更是对共产主义的追求和努力。江泽民同志"三个代表"的重要思想，集中地概括了我们党和国家的全部理论活动、实践活动，包括所有工作的根本方向、根本准则、根本依据，是指引我们党和国家新时代行动的重要指南。贯彻"三个代表"重要思想，我们必须坚持党的解放思想、实事求是的思想路线，大力发扬求真务实、勇于创新的精神；必须坚持党的工人阶级先锋队性质，始终保持党的先进性；必须坚持民主集中制，维护党的集中统一，保持并不断增强党的活力；必须深化干部人事制度改革，努力建设一支高素质的干部队伍；必须坚持党要管党的原则和从严治党的方针，严格进行监督管理工作，克服消极腐败现象。只有这样，我们才能真正实现"三个代表"的内涵和意义，为社会主义社会的建设提供一支真正代表人民利益、与人民始终在一起的真诚、真心、真信念的党组织。

第四节　科学发展观

科学发展观，是胡锦涛同志提出的"坚持以人为本，树立全面、协调、可持续的发展观，促进经济社会和人的全面发展"，按照"统筹城乡发展、统筹区域发展、统筹经济社会发展、统筹人与自然和谐发展、统筹国内发展和对外开放"的要求推进各项事业的改革和发展的一种方法论，也是中国共产党的重大战略思想。在中国共产党第十七次全国代表大会上写入党章，成为中国共产党的指导思想之一。

十七大上，胡锦涛同志在《高举中国特色社会主义伟大旗帜 为夺取全面建设小康社会新胜利而奋斗》的报告中提出，科学发展观第一要义是发展，核心是以人为本，基本要求是全面、协调、可持续性，根本方法是统筹兼顾，指明了我们进一步推动中国经济改革与发展的思路和战略，明确了科学发展观是指导经济社会发展的根本指导思想，标志着中国共产党对于社会主义建设规律、社会发展规律、共产党执政规律的认识达到了新的高度，标志着马克思主义和新时代中国国情之间的结合达到了新的高度和阶段。

科学发展观，是对党的三代中央领导集体关于发展的重要思想的继承和发展，是马克思主义关于发展的世界观和方法论的集中体现，是同马克思列宁主义、毛泽东思想、邓小平理论和"三个代表"重要思想既一脉相承又与时俱进的科学理论，是我国经济社会发展的重要指导方针，是发展中国特色社会主义必须坚持和贯彻的重大战略思想。

科学发展观，是立足中国现阶段基本国情，在我国发展实践的基础上，借鉴国外发展经验，为适应新的发展要求而提出的重大战略思想。强调认清社会主义初级阶段基本国情，不是对自己能力的低估，也不是说空话，而是要坚持把它作为推进改革、谋划发展的根本依据。我们必须始终保持清醒头脑，立足社会主义初级阶段这个最大的实际，科学分析，深刻把握我国发展所面临的新问题和新矛盾，更加自觉地走科学发展道路，奋力开拓中国特色社会主义更为广阔的发展前景，努力建设社会主义物质基础和精神家园，为共产主义的未来奋斗和积累实力。

胡锦涛同志在中国共产党第十八次全国代表大会上的报告中指出，必须更加自觉地把全面协调可持续作为深入贯彻落实科学发展观的基本要求，全面落实经济建设、政治建设、文化建设、社会建设、生态文明建设五位一体总体布局，促进现代化建设各方面相协调，促进生产关系与生产力、上层建筑与经济基础相协调，不断开拓生产发展、生活富裕、生态良好的文明发展道路。必须更加自觉地把统筹兼顾作为深入贯彻落实科学发展观的根本方法，坚持一切从实际出发，正确认识和妥善处理中国特色社会主义事业中的重大关系，统筹改革发展稳定、内政外交国防、治党治国治军各方面工作，统筹城乡发展、区域发展、经济社会发展、人与自然和谐发展、国内发展和对外开放，统筹各方面利益关系，充分调动各方面积极性，努力形成全体人民各尽其能、各得其所而又和谐相处的局面。

第五章　当代学生的共产主义理想教育

当代学生是在共产主义的理想信念培养下，在毛泽东思想、邓小平理论、"三个代表"重要思想和科学发展观等理论体系的教育下成长起来的新一代，毋庸置疑，中国未来的发展必然属于新的一代，他们的理想和追求不仅关系着他们自身的发展，也关系着中国未来的走向。而教育在提高人的素质、促进人的发展、高扬人的主体性方面发挥着重要作用。因此，应做好当代学生的共产主义理想教育工作，把握共产主义教育发展的方向，真正把人的发展作为共产主义教育的目的，做到以人为本，为未来人才奠基思想基础，是中国发展的重要前提。

然而，在网络发达、社会风气受到各方面影响的当下环境中，青少年学生对共产主义的理想信念很容易产生模糊和错误的认识，甚至对共产主义理想的追求产生动摇，这是现今教育工作者以及全社会有识之士必须重视的问题。找到合适的、解决问题的方式，而不是被动地等待问题的发生。

当代学生在对待共产主义理想信念的态度上，主要存在这样几个问题：一是对共产主义理想信念的不理解；二是对共产主义的认识过于乐观，认为不难实现，不能够真正踏踏实实地学习和生活，丰富自己的知识和能力，担负起建设祖国、振兴中华的责任；三是对共产主义的不信任和讽刺，认为这是一种虚幻的理想，是根本不可能实现的乌托邦。针对这样的问题，我们必须加强共产主义的理想信念教育，坚定学生的信仰和追求。必须不断强调，只有共产主义能为人带来真正的幸福和自由，共产主义的目标就是人的解放。然而，这种强调不能仅仅体现在语言上，还必须把此种观念联系实际、结合现实生活才能使人信服。共产主义的价值在于揭露资本主义制度下对人的压迫和劳动的异化，通过实现政治解放，从而实现人的全面自由的发展。共产主义理想是科学性和价值性的有机统一，在共产主义理想教育中，如果我们重价值性而轻科学性，就会背离社会发展的客观规律，从而走向主观唯心主义，使社会发展走弯路；相反，如果我们重科学性而轻价值性，就会只见物不见人，偏离马克思主义的本真意蕴。共产主义既是一种精神动力和价值导向，激励着人们不懈奋斗、孜孜追求，突破现实的障碍，去实现人全面而自由的发展的崇高境界；它又是符合历史发展规律的科学，鼓舞着人们尊重历史发展规律，在改造现实世界的实践活动中，创造和积累物质财富，为实现理想而努力奋斗。因此，对共产主义的理解必须是在科学基础上的理解，而不是虚无缥缈的"自我认为"，只有真正认识了共产主义，才能够燃起内心的热情的火焰。

共产主义是为了全人类的解放和发展，当然也就包括了学生的全面发展，必须认识到，共产主义的理想与学生的个人理想是密切而不可分割的。共产主义社会将彻底结束个体与类之间相互斗争的状态，使人类整体的发展不再以牺牲个体为代价，而以个体的发展为基础和目标。共产主义社会是自由人的联合体，而在追求这个目标的过程中，学生的个人理想也就是整个社会的理想。共产主义理想贯穿于个人理想之中，不仅规范、引导着个人理想，而且又是个人理想的归宿和基础。人是社会的人，人的本质是社会性，追求个人理想的实践活动都是在社会中进行的，个人理想只有体现社会发展规律、符合社会发展需要，才可能变为现实。另一方面，社会理想又是个人理想的凝聚和升华，个人理想体现社会理想，社会理想反映千百万人的个人理想，需要若干代人的共同努力和奋斗。在共产主义理想教育中，如果我们轻视其中的任何一个方面，那么另一方面都必然是空中楼阁无法实现。鉴于此，在当前学生的理想教育中，既要承认学生关注个人理想的合理性，又要强调社会理想对个人理想的引领作用，要引导学生科学分析社会发展需要，把握当今时代脉搏，以共产主义理想为指导，正确设计自己的个人理想和追求，为中国特色社会主义建设事业贡献自己的一份力量。

在加强学生对共产主义的理解和认同的过程中，必须做到以下几点：第一，加强对马克思、恩格斯原著的学习，提升自己的知识水平和思想范围，只有真正理解马克思主义才能够接受和发挥它；第二，在学习之外，多多参与社会实践，在实践中体会共产主义的真谛，将自己所学运用于生活，提升自身的素质与能力；第三，在学习、生活与工作中学会总结经验，吸收正面能量，发展自己，完善自己。

做好学生的共产主义理想信念的教育工作是平凡而又伟大的事业，只有做好这项事业和任务，才能为党和国家源源不断地输送人才，才能为社会主义和谐社会提供营养，才能为共产主义理想追求积累底蕴。我们必须不断审视自身，以便更好地做好这项工作，教育好国家未来的主人翁。

第六章　共产主义的意义与价值

马克思的共产主义思想是整个马克思主义的核心内容，它为人类找到了通往未来社会的一把钥匙，为人类揭示了"往何处去"的问题，它是人类思想史上一笔宝贵的精神财富。马克思所理解的共产主义是一种完善的社会制度和社会形态，也是党的最高理想和奋斗目标，90多年前的俄国"十月革命"唤醒了知识分子对共产主义的追求，也为中国走向何处、该建立一个什么样的国家指明了方向。虽然马克思、恩格斯关于共产主义的论述是建立在他们所处的时代背景下，是对当时资本主义的科学分析，其中的某些理论随着时代的发展可能已经过时，但正如1872年德文版序言中所指出的"不管最近25年来的情况发生了多大的变化，这个《共产党宣言》中所阐述的一般原理整个说来直到现在还是完全正确的"。[①]纵观历史的发展，研究和学习共产主义思想，在

① 马克思、恩格斯：《共产党宣言》，人民出版社1997年版，第3页。

当代仍然具有重要理论意义和实践价值。

共产主义理论揭示了共产主义必将代替资本主义的历史发展规律。马克思、恩格斯站在无产阶级的立场上，运用科学的方法，致力于研究人类社会特别是对资本主义社会的研究。在《共产党宣言》中分析了人类社会的发展，揭示了人类社会发展规律，指出了未来社会的走向和目标，提供了历史唯物主义的科学方法。生产力是社会发展的最终决定力量，新旧社会的更替依靠的便是新社会在发展生产力上的优势，虽然资本主义生产关系极大地促进了生产力的发展，但随着生产力的发展必然会导致生产关系超出资本主义的可容纳限度，如周期性的经济危机已经将这一矛盾凸显无遗。人类社会从低级到高级的发展，是一个社会形态发展和交替的过程。而共产主义社会是一个生产力高度发达、社会财富极大丰富的社会，正如共产主义最终将要取代资本主义、资本主义取代封建主义、封建社会取代奴隶社会、奴隶社会取代原始社会一样，这都是生产力发展的结果，是人类社会的发展规律所决定的。社会主义国家的兴起和不断发展，已经用事实证明了共产主义理想实现的必然性。当然，实现共产主义将经历一个极其艰难而漫长的过程，同时生产关系必须适合生产力的性质，人类社会就是在生产力与生产关系的矛盾中前进的。

共产主义理论倡导"以人为本"的执政理念。马克思、恩格斯在《共产党宣言》中提出了人的全面而自由的发展思想，"代替那存在着阶级对立的资产阶级旧社会的，将是这样一个联合体，在那里，每个人的自由发展是一切人的自由发展的条件。"恩格斯1894年在回答意大利友人卡内帕的提问时也指出，这句话是未来社会最本质的特征，再找不出能够作为社会主义新纪元的格言和题词了。马克思的唯物史观指出，人是历史活动的主体，人民是社会财富的创造者，是社会历史进步的推动者。共产主义思想始终把人放在核心地位，在实现共产主义的过程中实现人的解放，最终目标是实现人的全面发展。十六大以来，胡锦涛同志在科学分析我国现阶段经济社会发展的新特征及国内外发展经验教训的基础上，提出了以人为本，全面、协调、可持续的科学发展观。要求我们在实际运用中以人民利益为出发点和落脚点，关系人生存和发展的命运，把满足人民群众的物质文化需求作为推动经济社会进步的根本出发点和最终归宿。"以人为本"的执政理念尊重了人的主体地位，实现了人的主体利益，促进了人的全面发展，在当代社会有着不可替代的重大意义。正如《孟子》中齐宣王问孟子："德何如，则可以王矣？"孟子曰："保民而王，莫之能御也。"当前在依法治国的要求下，能保证以人为本的核心不变，就能保证国家的安定、社会的和谐。

共产主义理论奠定了和谐社会的理论基础。中国自19世纪中叶以来，遭受外来民族的入侵，一步步沦为半殖民地半封建社会。实现民族独立和国家富强是中国面临的两大任务。中国共产党人循着马克思的社会发展思路，首先领导中国人民进行了一场轰轰烈烈的革命，建立了新中国，为民族争得了国格，为国人争得了人格，为推动中国社会的发展进而实现一切人的全面而自由的发展奠定了基础。新中国成立后，共产主义理论更是有着重要的领导作用。而现在在我们实现共产主义的过程中，和谐是不变的主题，但是和谐也必然经历不同的历史阶段，在不同的社会历史条件下和谐的程度也是有差异的。共产主义指出，到共产主义社会时，阶级将会消亡，国家将会消亡，作为阶级压迫工具的军队、监狱、警察也将失去作用，工业与农业、城市与乡村、脑力劳动与体力劳动的差别也将消失。主要由于生产的高度发展已经使所有人的物质利益得到了保障，全体社会成员的利益一致，社会已经不需要因经济利益的需要而对社会集团进行划分并使之互相斗争了，社会管理组织将具有自我管理的性质。共产主义实现的和谐不仅是社会的和谐，也要实现社会与自然之间的和谐，以合乎自然发展规律的方式来改造和利用自然。在共产主义思想指导下，2004年我党在十六届四中全会上提出了"构建社会主义和谐社会"的目标，就是要把马克思关于共产主义社会是和谐社会的科学预想逐步变成现实。虽然我国现在构建的社会主义和谐社会与共产主义所提倡的和谐社会还有一定的差距，但和谐社会终究是社会主义建设不懈追求的一个目标。当代和谐社会的建设正在共产主义思想的指导下，以经济建设为中心，大力发展生产力，不断地增加社会财富，加强和完善社会主义民主和法制，力争实现社会主义公平和正义。当然，和谐社会与共产主义一样是一个漫长的历史过程，我们现在构建的和谐社会也将是一个长期、艰巨的历史任务，我们既要立足国情，积极主动地推进和谐社会的建设，又要从长远出发，作好长期努力的准备，不断丰富和发展马克思的和谐社会理论，开拓和谐社会建设的新局面。

共产主义理论为生产力的发展提供动力。社会生产力高度发展，产品极大丰富，是共产主义社会实现的必要条件，财产公有制必须建立在发展工业、农业、贸易等而产生的大量生产资料的基础之上。只有在生产力增长、集体财富充分发展的基础上才能实行共产主义分配原则。生产力是人类社会的根本动力，无产阶级取得政权以后，要尽量增加生产力的总量。只有生产力增长了，物质财富丰富了，才能巩固政权；只有生产力增长了，才能逐步消除旧社会的痕迹；只有生产力增长了，物质财富丰富了，集体财富的一切源泉充分涌流，"社会才能在自己的旗帜上写上'各尽所能，按需分配'"。[1]马克思所描绘的未来共产主义社会是社会生产力高度发达和人的精神生活高度发展的社会，因此以经济建设为中心，大力发展生产力是实现共产主义的根本保证，没有丰厚的物质基础和强大的经济实力作保证，共产主义的实现

----

[1]马克思：《哥达纲领批判》，人民出版社1973年版，第14页。

最终也将是空谈。十一届三中全会后，我党把工作的中心转移到经济建设上来，生产力得到了前所未有的重视，我们总结经验，从国情出发，实行以公有制为主体，多种所有制并存的所有制结构，极大地促进了生产力的发展。正因为生产力的发展，我国的经济才能快速、持续增长，人民生活水平才能显著提高，国际地位才能不断提升，综合国力才能与日俱增。如今的社会主义中国正焕发出勃勃生机，而这一切都源于我们对共产主义的追求，对共产主义理论的参悟，对生产力的高度重视。

就中国的现实情况来看，我们正处于社会主义的初级阶段，以共产主义理论和理想为指导，对于我们坚持走社会主义道路，发展壮大社会主义事业同样有着重要的理论实践指导意义。中国特色的社会主义事业既要坚持马列主义普遍原理，坚持社会主义方向，又要结合中国的具体实际，解放思想、实事求是、与时俱进、开拓创新，坚持中国特色，只有这样，中国特色社会主义事业才能不断走向胜利，共产主义才能真正最终实现。我党也要始终把共产主义理想作为最高理想和最终目标，不断加强思想政治教育，促进人民科学文化素质和思想道德水平的不断提高。可以说马克思的共产主义理论有着强大的生命力和令人信服的理论魅力，我们必须继续坚定共产主义信仰，让共产主义信仰深入人心，为共产主义事业提供保障，为共产主义事业奋斗终身。马克思的共产主义理论是在研究人类历史和现实的基础上建立起来的，是从当时资本主义社会的现实中对未来作出的最充分、最深刻、最科学的预见。诚如列宁所说："神奇的预言是神话，科学的预言却是事实。"我们要在共产主义思想的基础上，不断建立和完善社会主义文化建设，巩固马克思主义在意识形态的指导地位。我们必须高举中国特色社会主义伟大旗帜，以科学发展观为指导，坚定共产主义信仰，在通往人类解放的必由之路上不断奋斗，共产主义这一美好理想终究会实现。

纵观共产主义理论的重大意义，其历史及现实作用不容忽视。然而在对待共产主义理论的时候我们必须秉承科学态度，无论一个理论本身多么正确，都不应把它当成僵化的教条，只有与本国国情相结合、与时代发展同进步、与人民群众共命运，才能使其焕发出强大的生命力。因此在以后的发展道路中，在以共产主义理论为指导的前提下，也要与实际情况相结合，做到理论联系实际、理论指导实践，这样才能在发展的道路上少走弯路，尽快地实现社会的发展进步。同时我们必须看到，实现共产主义是一个长期的实践过程，是一个循序渐进的过程，共产主义思想自诞生之日起，其本身也一直在理论和实践上不断完善，虽然共产主义运动有过高潮，也走过低谷，但它始终不乏强大的生命力，它是在对前人思想进行批评和继承的基础上逐步形成的，本身也有其成长过程，正如马克思主义者所指出的那样，他们并不期望在一个早晨突然进入理想境界，而是把实现最终理想看作一个有着不同历史阶段的过程。

知识链接

辩证唯物主义

辩证唯物主义，是马克思、恩格斯批判地吸取德国古典哲学——黑格尔的辩证法的"合理内核"和费尔巴哈唯物论的"基本内核"，在总结自然科学、社会科学和思维科学的基础上创立的系统科学的逻辑理论思维形式，是一种以马克思和恩格斯学说来研究现实的哲学方法，是用"辩证的观点"和"唯物论的观点"解释和认识世界的理论。一般认为"辩证唯物主义"和"唯物辩证法"在本质上是一致的。

辩证唯物主义的基本观点有：1.唯物主义认为，物质是第一性的，意识是第二性的。世界的本原是物质，世界的万事万物都是物质派生出来的。2.物质世界是按照它本身所固有的规律运动、变化和发展的。规律是客观的，是不以人的主观意志为转移的。3.辩证的唯物主义观点是相对于机械唯物主义而言的，即将辩证法与唯物主义相结合。

不可知论

不可知论是一种唯心主义的认识论，认为除了感觉或现象之外，世界本身是无法认识的。它否认社会发展的客观规律，否认社会实践的作用。不可知论最初是由英国生物学家T.H.赫胥黎于1869年提出的。不可知论断言人的认识能力不能超出感觉、经验和现象的范围，不能认识事物的本质及发展规律。在现代西方哲学中，许多流派从不可知论出发来否定科学真理的客观性，否认认识世界的可能性或者否认彻底认识世界的可能性。

德国古典哲学

德国古典哲学一般是指康德、费希特、谢林、黑格尔和费尔巴哈的哲学，是代表西方近代哲学的最高阶段。它继承了由德国哲学家莱布尼茨代表的唯理主义倾向，同时又受到了苏格兰启蒙运动中著名哲学家休谟的经验主义和怀疑论的影响，此外，以莱辛、歌德为代表的启蒙运动文学也对德国古典哲学起到了相当程度的影响。（斯宾诺莎的宿命论思想有时也被认为是德国古典哲学的重要思想来源之一。）在这些思想的共同影响下，德国古典哲学家总结并探讨了一系列哲学上的重大问题，尽管他们中的多数经常被泛泛地认为是唯心主义者，但他们的主张却不是统一的。

康德是一个二元论者和不可知论者，他为了调和唯理主义和经验主义，提出了自己的批判哲学。费希特则持有一种主观唯心主义（后期也被认为倾向于客观唯心主义），谢林和黑格尔有时候被认为是客观唯心主义者，但事实上他们的意见是非常不同的。直到费尔巴哈以一种唯物主义的观点对黑格尔宏大的形而上学体系提出抨击，从而终结了德国古典哲学。

德国古典哲学具有抽象性和思辨性的特点，同时它也是马克思主义的三个理论来源之一。此外，它提出了包括认识论、本体论、伦理学、美学、法哲学、历史哲学以及政治哲学等领域的各种重大问题和范畴，标志着近代西方哲学向现代西方哲学的过渡。

第二次工业革命

第二次工业革命，也称第二次科技革命，是指1870年至1914年的工业革命。其中西欧和美国以及1870年后的日本，工业得到飞速发展。第二次工业革命紧跟着18世纪末的第一次工业革命，并且从英国向西欧和北美蔓延。第二次工业革命以电力的大规模应用为代表，以电灯的发明为标志。

第二国际

第二国际，即"社会主义国际"，是一个工人运动的世界组织。1889年7月14日在巴黎召开了第一次大会，通过《劳工法案》

及《五一节案》，决定以同盟罢工作为工人斗争的武器。组织后因第一次世界大战爆发而解散，其后伯尔尼国际成立并作为实体运作。第二国际所做出影响最大的动作包括宣布每年的5月1日为国际劳动节，宣布每年的3月8日为国际妇女节，并创始了八小时工作制运动。当今世界最大的政党组织"社会党国际"实际上为其延续，在二战后的1951年成立，成员均为原第二国际成员。

第一国际

第一国际，即国际工人联合会，1864年由英、法、德、意四国工人代表在伦敦开会成立，马克思代表德国工人参加该组织的工作，并逐渐用"科学社会主义"理论作为组织指导思想。由于会名太长，有时人们取它的第一个单词"International"代指，简称为"国际"，历史上即称为"第一国际"。1871年，第一国际法国支部参加并领导了巴黎公社运动。但是随着巴黎公社的失败，第一国际也日渐衰弱，1876年正式宣布解散。

俄国二月革命

俄国二月革命是1917年3月8日于俄罗斯发生的民主革命，是俄国革命的序幕。其即时结果就是沙皇尼古拉二世被迫退位，俄罗斯帝国灭亡。二月革命结束了封建专制的统治，之后出现了两个政权并立的局面，即资产阶级临时政府和苏维埃政权。后又因为临时政府的措施不当，爆发了十月革命。以列宁为首的苏维埃政权控制了局面。二月革命为俄国无产阶级反对资产阶级、争取社会主义的斗争创造了有利的条件。发生在第一次世界大战期间的二月革命的胜利，促进了欧洲各国被压迫人民和被压迫民族反对帝国主义战争、反对本国反动政府、争取民主权利和民族解放的革命运动的高涨。

法国1789年的资产阶级大革命

法国大革命，又称法国1789年的资产阶级大革命，是1789年在法国爆发的资产阶级革命，法国的政治体制在大革命期间发生了史诗性的转变：统治法国多个世纪的绝对君主制与封建制度在三年内土崩瓦解，过去的封建贵族和宗教特权不断受到自由主义政治组织和平民的冲击，传统观念逐渐被全新的天赋人权、三权分立等民主思想代替。

法国大革命始于1789年5月的三级会议。革命的头一年，第三等级的革命民众在6月发表了《网球场宣言》，7月攻占了巴士底狱，8月凡尔赛妇女运动迫使法国王室在10月返回巴黎。之后几年不断出现自由集会和保守的君主制度改革。1792年9月22日，法兰西第一共和国成立，路易十六在次年被推上了断头台。不断出现的外部压力实际上在法国革命中起到了主导作用，法国革命战争从1792年开始，取得了一个世纪以来法国未曾取得的胜利，并使法国间接控制了意大利半岛和莱茵河以西的领土。在国内，派系斗争及民众情绪的日益高涨导致了1793年至1794年恐怖统治的产生。罗伯斯庇尔和雅各宾派倒台以后，督政府于1795年掌权，直到1799年拿破仑上台后结束。

关于法国大革命的结束时间尚存争议，正统观点认为1799年的雾月政变为革命终结的标志；另有观点认为1794年7月雅各宾派统治的结束为革命的终结；还有观点认为1830年七月王朝建立是革命终结的标志。

现代社会在法国革命中拉开帷幕，共和国的成长、自由民主思想的传播、现代思想的发展以及国家之间大规模战争的出现都是此次革命的标志性产物。在作为近代一场伟大的民主革命而受到赞扬的同时，法国大革命也因其间所出现的一些暴力专政行为而为人诟病。革命随后导致了拿破仑战争、两次君主制复辟以及两次法国革命。接下来直至1870年，法国在两次共和国政府、君主立宪制政府及帝国政府下交替管治。

历史学家、《旧制度与大革命》的作者托克维尔则认为，1789年法国革命是迄今为止最伟大、最激烈的革命，代表法国的"青春、热情、自豪、慷慨、真诚的年代"。"

封建主义

封建主义包括三个方面：一是指封建专制制度，包括政治、经济制度在内的整个社会制度；二是指意识形态；三是指以封建主义思想为指导，为建立或复辟封建专制制度而进行的活动。三者之间相互联系又相互区别，不能等同和混淆。也可以说，封建主义在经济上代表的是地方保护主义和部门主义；在政治上代表的是专制主义和宗法制度；在思想上代表的是纲常伦理、宗法意识和社会生活中的各种落后、愚昧现象、迷信思想和活动。包括制度、活动、思想三方面含义的封建主义，才能称之为完整意义上的封建主义。

个体经济

以生产资料个体所有和个体劳动为基础的经济。如小农经济、小手工业经济、个体商业等。原始社会解体时产生，存在于奴隶社会、封建社会、资本主义社会和社会主义社会，但从来没有成为独立的社会经济形态，而总是从属于占统治地位的经济。具有规模小、经营分散、经济不稳定等特点。在我国，经过社会主义改造，绝大部分个体经济已经转变为社会主义集体经济。但在社会主义国营经济和集体经济占绝对优势的前提下，在法律规定的范围内允许个体经济存在，作为社会主义公有制经济的补充。

工业革命

工业革命，又称产业革命，是指资本主义工业化的早期历程，即资本主义生产完成了从工场手工业向机器大工业过渡的阶段。工业革命是以机器取代人力，以大规模工厂化生产取代个体工场手工生产的一场生产与科技革命。由于机器的发明及运用成为了这个时代的标志，因此，历史学家称这个时代为"机器时代"。

有人认为工业革命在1759年左右已经开始，但直到1830年，它还没有真正蓬勃地展开。大多数观点认为，工业革命发源于英格兰中部地区。1769年，英国人瓦特改良蒸汽机之后，由一系列技术革命引起了从手工劳动向动力机器生产转变的重大飞跃。随后自英格兰扩散到整个欧洲大陆，19世纪传播到北美地区。一般认为，蒸汽机、煤、铁和钢是促成工业革命技术加速发展的四项主要因素。在瓦特改良蒸汽机之前，整个生产所需动力依靠人力和畜力。伴随蒸汽机的发明和改进，工厂不再依河或溪流而建，很多以前依赖人力与手工完成的工作自蒸汽机发明后被机械化生产取代。

工业革命是一般的政治革命不可比拟的巨大变革，其影响涉及人类社会生活的各个方面，使人类社会发生了巨大的变革，对人类的现代化进程的推动起到了不可替代的作用，把人类推向了崭新的蒸汽时代。

共产国际

共产国际，亦称"第三国际"，1919年3月2日至6日在列宁的领导下，在莫斯科召开了共产国际第一次代表大会。参加大会的有来自欧、亚、美洲21个国家的35个政党和团体的代表52人，通过了列宁起草的《共产国际宣言》《共产国际行动纲领》等文件，宣告了共产国际的成立。共产国际在其存在的24年中，共召开过7次代表大会和13次执行委员会全会。共产国际在列宁领导期间，成绩比较显著。1924年1月，列宁去世后，共产国际出现了一些错误。总的来说，共产国际在宣传马克思列宁主义，团结各国无产阶级和被压迫民族，领导和推动无产阶级革命运动，促进亚非拉民族解放运动，反对帝国主义和法西斯主义，促进各国共产党的成长等方面起了重大的作用。

共产主义

共产主义是一种政治思想，主张消灭私有产权，并建立一个各尽所能、按需分配的生产资料公有制（进行集体生产）社会，而且是一个没有阶级制度、国家和政府的社会。在这一体系下，土地和资本财产为公共所有。其主张劳动的差别并不会导致占有和消费的任何不平等，并反对任何特权。在科学共产主义（马克思主义及其各流派）的理论中，它在发展上分两个阶段，初级阶段是社会主义，高级阶段是共产主义。通常所说的共产主义，指共产主义的高级阶段。

按照马克思主义理论（历史唯物主义），资本主义必将为共产主义所取代，这是不以人们的意志为转移的社会发展的历史规律。因随着工业革命后各种机械自动化生产所带来的高生产力，长期而言经济生产所需的人力将愈来愈少，在私有财产制度下绝大多数人将会失业，因此，社会若想继续和平发展就必须进入共产主义，将愈来愈少的工作量分配给各个工作的人，除了为兴趣而自愿长期工作的人之外，基本上多数人可减少许多工作时间就能维持日常生活。共产主义思想在实行上，需要人人有高度发达的集体主义精神，而这就要求社会生产力达到充分的发展和极度的发达。

共产主义社会

共产主义社会是一种社会形态，它是在生产资料公有制的条件下，在高度发达的社会生产力的基础上所实行的一种各尽其职、按需分配的劳动者自由联合的社会经济形态。

后马克思主义

后马克思主义的概念自20世纪80年代以来就以一种不太准确和规范的方式被使用着，它并非描述一个学派，而是描述一个趋向。后马克思主义倡导一种偶然的话语逻辑，它主张把意识形态和经济及阶级要素完全剥离开来，然而，对于后马克思主义自身的"发生学"分析，后马克思主义的话语理论却无能为力。后马克思主义不论作为一种思想倾向，还是作为一种确定的理论立场，它的生成、确立和盛行都不是脱离社会文化环境的纯粹话语运作的结果，就像后马克思主义本身不能够完全拒斥马克思主义一样，对后马克思主义社会和思想根源的理论透视也离不开马克思主义的分析方式。后马克思主义之所以在20世纪70年代末至80年代中期孕育成形，有着它特定的社会的、政治的、阶级的、思想的以及学理上的源流。

货币

货币是用作交易媒介、储藏价值和记账单位的一种工具，是专门在物资与服务交换中充当等价物的特殊商品。既包括流通货币，尤其是合法的通货，也包括各种储蓄存款。在现代经济领域，货币的领域只有很小的部分以实体通货方式显示，即实际应用的纸币或硬币，大部分交易都使用支票或电子货币。货币区是指流通并使用某一种单一的货币的国家或地区。不同的货币区之间在互相兑换货币时，需要引入汇率的概念。

机会主义

机会主义，也称投机主义，指为了达到自己的目标不择手段的做法，突出的表现是不按规则办事，视规则为腐儒之论，其最高追求是实现自己的目标，以结果来衡量一切，而不重视过程。

如果它有原则的话，那么它的最高原则就是成王败寇。机会主义也可指工人运动或无产阶级政党内部出现的违背马克思主义根本原则的思潮、路线。它是资产阶级或小资产阶级思想的反映。机会主义有两种表现形式：一种是右倾机会主义，另一种是"左"倾机会主义。

基督

基督，基利斯督之简称，来自于希腊语，是亚伯拉罕诸教中的术语，原意是"受膏者"（中东地区肤发易干裂，古代的以色列王即位时必须将油倒在国王的头上，滋润肤发，象征这是神用来拯救以色列人的王，后来转变成救世主的意思），也等同于希伯来语中的名词弥赛亚，意思为"被涂了油的"。在基督教、圣经当中基督是"拿撒勒"主耶稣的专有名字，即"主耶稣基督"。

基督教

基督教是一种以新旧约全书为圣经，信仰神和天国的宗教，发源于中东地区。在人类发展史中，基督教扮演着非常重要的角色，中世纪到文艺复兴尤甚。基督徒是相信耶稣为神（天主或称上帝）的圣子、人类的救主（弥赛亚，即基督）的一神论宗教。基督教与伊斯兰教、佛教并列为当今三大世界性宗教。基督教主要有天主教（又称公教会）、希腊正教（又称正教会、东正教）、基督新教（华人俗称基督教）三大派别，以及其他许多规模较小的派别。基督教虽然发源于中东地区，但后来由于阿拉伯帝国和奥斯曼土耳其帝国的兴起、扩张和持续打压，基督教的传播中心逐渐转移至欧洲，并在欧洲发扬光大，并由此传播至远东、美洲、非洲、大洋洲等地。中文语汇的"基督教"一词时常是专指基督新教，这是中文目前的特有现象。基督教徒约有17亿7千万人。天主教徒占其中的52.89%（约10亿人），基督新教占其中的17.63%（约3亿人），而东正教则占其中的10.64%（约2亿人）。

价值

　　价值，泛指客体对于主体表现出来的积极意义和有用性。可视为是能够公正且适当反映商品、服务或金钱等值的总额。在经济学中，价值是商品的一个重要性质，它代表该商品在交换中能够交换得到其他商品的多少，价值通常通过货币来衡量，称为价格。这种观点中的价值，其实是交换价值的表现。

　　根据新古典主义经济学（目前比较流行的一种经济学理论），物体的价值就是该物体在一个开放和竞争的交易市场中的价格，因此，价值主要取决于对于该物体的需求，而不是供给。有些经济学者经常把价值等同于价格，不论该交易市场竞争与否。而古典经济学则认为价值和价格并不等同。按照马克思主义政治经济学的观点，价值就是凝结在商品中无差别的人类劳动，即商品价值。马克思还将价值分为使用价值（给予商品购买者的价值）和交换价值（使用价值交换的量）。

价值规律

价值规律，亦称"价值法则"，是商品生产和商品交换的基本规律。其主要内容和客观要求是商品的价值量由生产商品的社会必要劳动时间决定，商品按照价值量相等的原则进行交换。在以货币为媒介的商品交换中，要求价格符合于价值。

价值量

商品的价值量是商品价值的大小，通常是单位价值量。商品的价值量不是由各个商品生产者所耗费的个别劳动时间决定的，而是由社会必要劳动时间决定的。商品是劳动产品，商品的价值是由劳动形成的，因而它的价值量要由生产商品所耗费的劳动时间来衡量。在其他条件不变的情况下，商品的价值量越大，价格越高；商品的价值量越小，价格越低。若其他因素不变，单位商品的价值量与生产该商品的社会劳动生产率成反比。价值决定价格，价格是价值的货币表现，价值是价格的基础。

交换价值

交换价值指的是当一种产品在进行交换时，能换取到其他产品的价值。交换价值在马克思的学说中，是物品借着一种明确的经济关系才能够产生出的价值，也就是说，经济关系乃是交换价值的背景。交换价值只有在一个产品进行交换时，特别是产品作为商品在经济关系中出售及购买时，才具有意义。交换价值的根本属性是产品的使用价值，但是交换价值在商品交易中根据双方需求会发生较大的波动。例如，1升水在平时和旱季，其使用价值是一样的，但是交换价值的变化却很大。

经济危机

经济危机指的是一个或多个国家经济或整个世界经济在一段比较长的时间内不断收缩（即产生负的经济增长率）。

科学社会主义

科学社会主义是与空想社会主义相对而言的、关于社会主义的科学的理论体系、理论模型与实践模式。科学社会主义是人类一切文明成果的结晶。马克思、恩格斯运用辩证唯物主义的逻辑思维形式，在批判历代空想社会主义的基础上，以历史唯物主义的观点揭示和发现了人类社会发展的规律及当代资本主义经济运动的规律——剩余价值规律。马克思的这两个规律的发现使社会主义从空想变成了科学。科学社会主义是关于无产阶级解放斗争发展规律的科学，是一门政治科学，或者说是一门政治学。

可知论

可知论认为世界是可以为人所认识的，世界上只有尚未被认识的事物，不存在不能认识的事物。一切的唯物主义者都是可知论者，他们坚持物质第一性，意识第二性；彻底的唯心主义者也是可知论者，但他们坚持意识第一性，物质第二性。

空想社会主义

空想社会主义又称乌托邦社会主义，是产生于资本主义生产状况和阶级状况尚未成熟时期的一种社会主义学说，是现代社会主义思想来源之一。空想社会主义者相信在不久的将来可以建立理想的意识形态社会，并为之不懈努力奋斗。这种学说最早见于16世纪托马斯·莫尔的《乌托邦》一书，盛行于19世纪初期的西欧。空想社会主义者认为社会主义的理想社会应该建筑在人类的理性和正义的基础上，而这种社会至今还未出现，是由于人们不认识和不承认的缘故。他们觉得只要有天才掌握了这种思想，并推广开去，就能实现他们心中的理想社会。空想社会主义者反对资本主义，并认为资本主义的剥削制度是由于人类在道德和法律上犯了错误，背弃了人类的本性而产生的。

劳动对象

劳动对象指劳动本身所对应的客体，比如耕作的土地、纺织的棉花等。包括两大类：一是自然界的物质，即未经人类加工过的自然物，如矿藏；一是人类劳动加工过的，用作原材料的产品，如棉花、钢铁等。

劳动力

劳动力，即人的劳动能力，指蕴藏在人体中的脑力和体力的总和。物质资料生产过程是劳动力作用于生产资料的过程。离开劳动力，生产资料本身是不可能创造任何东西的。但是，在物质资料生产过程中，劳动力发挥作用，除了必须具备一定的生产经验和劳动技能或科学文化知识外，还必须具备一定量的生产资料，否则，物质资料生产过程也是不能进行的。劳动者在生产过程中运用自己的劳动力和生产工具，作用于劳动对象，既可以创造出物质财富，也可以不断提高自己的劳动技能。

里昂工人起义

里昂工人起义是指1831年和1834年法国里昂工人反对资本主义剥削压迫的两次武装起义，里昂工人起义推动了法国工人运动的发展，是法国无产阶级作为独立的政治力量登上历史舞台的重要标志之一。与"巴黎公社""英国宪章运动"并称"三大工人运动"。

历史唯物主义

历史唯物主义是马克思主义哲学的重要组成部分，也被称为"唯物主义历史理论"或"唯物史观"。历史唯物主义为马克思和恩格斯所创立，以黑格尔的辩证法，结合费尔巴哈的唯物论，去解释人类历史演变的过程，并被列宁、毛泽东等人所发展，被认为是马克思主义的社会历史观和认识、改造社会的一般方法论。因其主要关注的是对历史规律的阐明，因而历史唯物主义可以归入历史哲学，具体地说是一种思辨的历史哲学。

历史唯物主义认为历史发展是客观的和有其特定规律的，其最基本的规律就是生产力决定生产关系，生产关系对生产力有反作用（可能促进或阻碍）。伴随着生产力的发展，人类社会会历经原始社会、奴隶社会、封建社会、资本主义社会、社会主义社会，最终走向共产主义社会。

马克思列宁主义

马克思列宁主义是马克思主义和列宁主义的统称。马克思主义是对马克思和恩格斯的观点和学说的总体称谓，是无产阶级及其政党的十分严整而彻底的世界观，是无产阶级开展解放运动的理论指导，是无产阶级根本利益的科学表现。列宁主义是帝国主义和无产阶级革命时代的马克思主义，是由列宁和他的战友在参加和领导俄国和国际工人运动的实践活动中，在同第二国际机会主义作斗争中，总结无产阶级新的历史经验和科学发展的新成果而形成的。它使无产阶级专政成为现实，使社会主义从科学的理论变成现实的社会制度。

马克思主义

马克思主义是马克思、恩格斯在19世纪工人运动实践基础上创立的理论体系。马克思主义主要以唯物主义角度编写而成。马克思主义理论体系包括三部分，即马克思主义哲学、马克思主义政治经济学、科学社会主义，分别是马克思、恩格斯受德国古典哲学、英国古典政治经济学、法国空想社会主义影响，并在此基础上创立的。马克思主义作为内涵丰富、外延无限的一整套严密的思想体系，我们可以从不同方面对其进行不同的定义。马克思主义从它的创造者、继承人的认识成果上讲，可以定义为：马克思主义是马克思、恩格斯创建的马克思主义者不断加以丰富发展的观点和学说的体系；从它的阶级属性讲，可以定义为：马克思主义是关于无产阶级和人类解放的科学，尤其是关于无产阶级斗争的性质、目的和条件的学说；从它的研究对象讲，可以定义为：马克思主义是一个内容极其丰富的、宏伟的、科学的理论体系，是关于自然、社会和思维发展普遍规律的学说，特别是关于资本主义发展和转变为社会主义，以及社会主义和共产主义发展普遍规律的学说。

马克思主义哲学

马克思主义哲学是关于自然、社会和思维发展的一般规律的科学，是唯物论和辩证法的统一，是唯物论自然观和历史观的统一。它是在继承和发展了德国的古典哲学，英国的古典政治经济学，英国、法国的空想社会主义下形成的马克思主义的三个组成部分之一。马克思主义哲学的主要理论来源是辩证法和唯物论，辩证唯物主义和历史唯物主义是马克思主义哲学的两大组成部分，实践概念是它的基础。

马克思主义政治经济学

马克思主义政治经济学，是马克思主义的重要组成部分。它既是我们从理论高度认识和研究资本主义的经济科学，也是我们进行社会主义经济建设和改革开放的理论指导。马克思主义政治经济学，首先包括马克思创建的政治经济学的基本原理和方法，也包括后来由列宁、毛泽东、邓小平和党中央发展了的经济思想与理论，还包括经济学界以马克思主义为指导研究当代资本主义和社会主义所取得的有关成果。马克思主义政治经济学的基本观点主要包括在马克思的重要著作《资本论》中，在《资本论》中，马克思研究了资本主义经济学的理论和英国历年的经济统计资料，对资本主义经济学理论进行了分析和批判。

孟什维克

孟什维克（俄文音译，意为少数派）是俄国社会民主工党中的一个派别。孟什维克由马尔托夫领导，主张信任群众行动的自发性，涵盖所有无产阶级民众的所有行动。1903年召开俄国社会民主工党第二次代表大会期间，以列宁为首的马克思主义者同马尔托夫等人在制定党章时发生尖锐分歧。大会在选举中央领导机关成员时，拥护列宁的人得多数票，称布尔什维克（意为多数派），马尔托夫等得少数票，称孟什维克。会后，孟什维克发展成为俄国社会民主工党内主要的右倾机会主义派别，其观点称为孟什维主义。

七月革命

七月革命，即法国七月革命，是1830年欧洲的革命浪潮的序曲，因为波旁王室的专制统治令经历过法国大革命的法国人民难以忍受，以致法国人群起反抗当时法国国王查理十世的统治。此次革命的成功是维也纳会议后首次在欧洲成功的革命运动，革命鼓励了1830年及1831年欧洲各地的革命运动，表明维也纳会议后，由奥地利帝国首相梅特涅组织的保守力量未能抑制法国大革命后日益上扬的民族主义及自由主义浪潮。

青年黑格尔派

青年黑格尔派，又称黑格尔左派，是在19世纪30年代黑格尔哲学解体过程中产生的激进派，知名成员有布鲁诺·鲍威尔、大卫·施特劳斯、麦克斯·施蒂纳、费尔巴哈等。活动中心在柏林，马克思和恩格斯也曾参加过青年黑格尔派的活动。

人文主义

人文主义是在文艺复兴时期新兴资产阶级反封建反教会斗争中形成的思想体系、世界观或思想武器，也是这一时期资产阶级进步文学的中心思想。它主张一切以人为本，反对神的权威，把人从中世纪的神学枷锁下解放出来。人文主义宣扬个性解放，追求现实人生幸福；追求自由平等，反对等级观念；崇尚理性，反对蒙昧。

商品

商品是一种用于满足购买者欲望和需求的产品。狭义概念中的商品是一种有形的物质产品，区别于无形的服务。就其本身而论，商品能以有形的方式交付给购买者，并且它的所有权也一并由销售者转移给了顾客。例如，苹果是有形的商品，相对而言，理发则是一种无形的服务。

社会必要劳动时间

社会必要劳动时间是与"个别劳动时间"相对而言的，指在现有的社会正常的生产条件下，在社会平均的劳动熟练程度和劳动强度下制造某种使用价值所需要的劳动时间。这里的"现有的社会正常的生产条件"是指现时某生产部门的平均生产条件，或大多数商品生产者所具有的生产条件，其中最主要是劳动工具的状况；这里的"平均的劳动熟练程度和劳动强度"是指中等水平或部门的平均劳动熟练程度和劳动强度。如生产一件上衣，各个商品生产者由于设备、技术熟练程度等差别，个别劳动时间从2小时到4小时不等，但一般用3小时的劳动就能生产出来，这3小时就是生产上衣的社会必要劳动时间，它随社会劳动生产率的提高而减少。另外，马克思在分析社会生产各部门之间按比例分配社会总劳动的必要性时，提出另一个意义上的社会必要劳动时间，是指满足社会对某种产品的需要而必须分配到某一部门去的那部分社会劳动时间，如社会需要10万双鞋，每双鞋需平均耗费社会劳动时间1小时，则生产鞋所需的社会必要劳动时间为10万小时。

社会主义

社会主义是一套经济体系和政治理论，主张或提倡公共或以整个社会作为整体，来拥有和控制生产资料（产品、资本、土地、资产等），其管理和分配基于公众利益。其提倡由集体或政府拥有与管理生产工具，分配物资。社会主义分为了诸多流派，从建立合作经济管理结构到废除等级制度以至于自由联合。作为一项政治运动，社会主义的政治哲学主张从改良主义到革命社主义均有分布。如国家社会主义主张通过推动生产、分配和交换全方位的国有化来实现社会主义；自由社会主义倡导工人传统地控制生产方式，反对国家权力来进行管理；民主社会主义则通过民主化进程来寻求建立社会主义。

现代社会主义理论始于18世纪知识分子与工人阶级发起的批评工业化与私有财产对社会影响的政治运动。早期的空想社会主义者，诸如罗伯特·欧文曾试图建立一个自给自足并脱离资本主义社会的公社；而圣西门则创造了名词socialisme，提倡技术官僚与计划工业的应用。马克思和恩格斯共同设计创造了一个理想的社会制度，通过除去导致不合格与周期性生产过剩的无政府主义和资本主义生产，来允许广泛应用现代科技，从而将经济活动合理化。在19世纪初期，社会主义还只是表明关注社会问题；到了19世纪末期，社会主义已经成为了建立基于社会共有的新体制的推动力，并站到了资本主义的对立面。

社会主义社会

社会主义社会，是一种社会形态，指用马克思主义理论指导，重视社会福利，采用财产公有制的，通常是共产主义政党专政、工人阶级领导的社会。按照马克思主义理论，社会主义社会是资本主义社会向共产主义社会的过渡性社会形态。

生产关系

生产关系是指在物质生产过程中形成的人们之间的社会关系，它集中体现了人们之间的物质利益关系。生产关系的内容包括人们在一定的生产资料所有制基础上形成的、在社会生产总过程中发生的生产、分配、交换和消费的关系。

生产力

生产力，又称"社会生产力"，是人们征服自然、改造自然、获得物质资料的能力。生产力和生产关系是社会生产不可分割的两个方面。生产力包括劳动者、劳动资料和劳动对象三大要素。

生产资料

生产资料，也称作生产手段，是马克思主义理论家认定的生产力三要素之一。生产资料主要指劳动者进行生产时所需要使用的资源和工具。一般包括土地、厂房、机器设备、工具、原料，等等。生产资料是生产过程中的劳动资料和劳动对象的总和，它是任何社会进行物质生产所必备的物质条件。

剩余价值

根据马克思主义理论，剩余价值是指从劳动者的劳动价值中剥削出来的利润（劳动价值和工资之间的差异），即"劳动者创造的被资产阶级无偿占有的劳动"。剩余价值概念是马克思主义政治经济学的核心概念，马克思主义政治经济学认为资本主义生产的实质就是剩余价值的生产，剩余价值规律是资本主义的基本经济规律，它决定着资本主义的一切主要方面和矛盾发展的全部过程，决定着资本主义生产的高涨和危机，决定着资本主义的发展和灭亡。

十月革命

十月革命（又称布尔什维克革命、俄国共产革命等），是1917年俄国革命经历了二月革命后的第二个阶段。十月革命发生于1917年11月7日（俄历10月25日）。前苏联、中国等社会主义国家及组织普遍认为，十月革命是经列宁和托洛茨基领导下的布尔什维克领导的武装起义，建立了人类历史上第二个无产阶级政权（第一个是巴黎公社无产阶级政权）和由马克思主义政党领导的第一个社会主义国家——苏维埃俄国。革命推翻了以克伦斯基为领导的资产阶级俄国临时政府，为1918年—1920年俄国内战和1922年苏联成立奠定了基础。

使用价值

使用价值，是一切商品都具有的共同属性之一。任何物品要想成为商品都必须具有可供人类使用的价值；反之，毫无使用价值的物品是不会成为商品的，使用价值是物品的自然属性。马克思主义政治经济学认为，使用价值是由具体劳动创造的，并且具有质的不可比较性。比如，人们不能说橡胶和香蕉哪一个使用价值更高。使用价值是价值的物质基础，和价值一起，构成了商品二重性。

世界观

世界观，也叫宇宙观，是哲学的朴素形态。世界观是人们对整个世界的总的看法和根本观点。由于人们的社会地位不同，观察问题的角度也不同，就形成了不同的世界观。哲学是其理论表现形式。世界观的基本问题是精神和物质、思维和存在的关系问题，根据对这两者关系的不同回答，划分为两种根本对立的世界观基本类型，即唯心主义世界观和唯物主义世界观。

私有制

私有制，也叫所有制，是相对于公有制的经济制度，是在这种制度下进行的生产资料个人或集体的排他性占有。私有制是剥削社会（以奴隶社会、封建社会、资本主义、特权主义和专制社会为代表）的基本标志之一。

托拉斯

托拉斯，是较高级的垄断组织形式。指由许多生产同类商品或在生产上有密切关系的企业为了垄断某些商品的产销，从而获得高额利润而组成的大型垄断企业。可分为以金融控制为基础的托拉斯和以企业合并为基础的托拉斯。托拉斯在美国最为普遍，其作用覆盖整个采购、生产、销售过程。

唯物主义

唯物主义即唯物论，是一种哲学理论，肯定世界的基本组成为物质，物质形式与过程是我们认识世界的主要途径，持着"只有事实上的物质才是真实存在的实体"这一种观点，并且被认为是物理主义的一种形式。该理论的基础是，所有的实体（和概念）都是物质的一种构成或者表达，并且，所有的现象（包括意识）都是物质相互作用的结果，在意识与物质之间，物质决定了意识，而意识则是客观世界在人脑中的生理反应，也就是有机物出于对物质的反应。因此，物质是唯一事实上存在的实体。作为对现实世界的一种解释，唯物主义是唯心主义和心灵主义的一个对立面。

唯物主义有机械唯物主义和辩证唯物主义的区别，机械唯物主义认为物质世界是由各个个体组成的，如同各种机械零件组成一个大机器，不会变化；辩证唯物主义认为物质世界永远处于运动与变化之中，是互相影响、互相关联的。机械唯物论的代表人物是费尔巴哈，辩证唯物论的代表人物是马克思、恩格斯和列宁。

唯心主义

唯心主义即唯心论，又译作理念论、观念论，是哲学中对思想、心灵、语言及事物等彼此之间关系的讨论及看法。唯心论秉持世界或现实如同精神或意识，都是根本的存在。唯心论直接相对于唯物论，后者认为世界的基本成分为物质，我们对世界的认识主要是通过物质，并将其视为一种物质形式与过程。唯心论同时也反对现实主义的哲学观，后者认为在人类的认知中，我们对物体的理解与感知，与物体独立于我们心灵之外的实际存在是一致的。

马克思主义哲学则认为唯心论是哲学上的两大基本派别之一，是与唯物论对立的理论体系。唯心论在哲学基本问题上主张精神、意识的第一性，物质的第二性，也就是说，唯心论主张物质依赖意识而存在，物质是意识的产物的哲学派别，并认为可以区分为主观唯心论和客观唯心论两种基本类型。

无产阶级

根据马克思主义理论，无产阶级一词指不拥有生产资本，单纯靠出卖劳动力获取收入的劳动者。马克思主义理论把无产阶级划分为普通无产阶级和下层无产阶级。在实际使用的含义中，近似地等同于近代以来出现的，主要受雇于资本家，依靠雇佣工资生活的工人群体。在马克思的理论中，无产阶级是被资产阶级通过剥削其生产价值和工资之间的差异（剩余价值）以获得利润的对象，因此，其大多在生存水平线上挣扎，教育相对落后（除非有极佳的社会福利），直到难以生存时，便容易铤而走险，当人数够多时，便会起身革命，尝试推翻现有政府及资本家。在社会主义社会，工人阶级已摆脱了被剥削、被压迫的地位，成为掌握国家政权的领导阶级。

小资产阶级

小资产阶级，指占有一定的生产资料或有少量财产的私有者，一般指不受他人剥削，也不剥削别人（或仅有轻微剥削），主要靠自己劳动为生的个体劳动者阶级。它在资本主义社会里是非基本的阶级，亦称为中间等级，主要包括农民、小手工业者、小商人、小业主等。作为劳动者，在思想上倾向于无产阶级；作为私有者，又倾向于资产阶级，极易受资产阶级思想的影响。因此，在反对封建主义的斗争中既具有革命性，同时也存在政治上的动摇性、斗争中的软弱性和革命的不彻底性。随着资本主义的发展，他们不断地向两极分化，大部分破产沦落为无产阶级或半无产阶级，小部分发财上升为资产阶级。

辛迪加

辛迪加，原意是"组合""联合"，是垄断组织的一种重要形式，属于低级垄断形式。辛迪加指同一生产部门的少数大企业为了获取高额利润，通过签订共同销售产品和采购原料的协定而建立的垄断组织。

形而上（学）

形而上出自《易经·系辞》，原文为"形而上者谓之道，形而下者谓之器"。用现代的思维讲，形而下就是指具体的器物（可以拓展到感性的事物），形而上就是指比较抽象的规律（包含做人做事的原则）。形而上是精神方面的宏观范畴，用抽象（理性）思维，形而上者道理，起于学，行于理，止于道，故有形而上者谓之道；形而下是物质方面的微观范畴，用具体（感性）思维，形而下者器物，起于教，行于法，止于术，故有形而下者谓之器。

形而上学（metaphysics，意为"物理学之后"）是哲学术语，哲学史上指哲学中探究宇宙根本原理的部分。马克思认为形而上学是指与辩证法对立的，用孤立、静止、片面的观点观察世界的思维方式。黑格尔把形而上学作为与辩证法相对立的一种机械教条的研究方法来批判，因此，形而上学也可以被表述成为教条主义。

修正主义

"修正"一词的含义，来源于拉丁文，有"修改、重新审查"的意思。"修正主义"一词，是在共产主义运动中对马克思主义进行歪曲、篡改、否定的一类资产阶级思潮和政治势力，是国际工人运动中打着马克思主义旗号反对马克思主义的机会主义思潮。

英国工人宪章运动

宪章运动是1838年到1848年发生在英国的一场普通劳动者要求社会政治改革的群众运动，是世界三大工人运动之一。列宁称之为"世界上第一场大规模的劳动阶级运动"。宪章运动的目的是，工人们要求取得普选权，以便有机会参与国家的管理。"普选权问题是饭碗问题"，工人阶级希望通过政治变革来提高自己的经济地位。

纸币

纸币，又叫钞票，是指以柔软的物料（通常是特殊的纸张）印制成的特殊货币凭证，通常是由国家发行并强制使用的一种货币符号。纸币本身不具价值，虽然作为一种货币符号，但其不能直接行使价值尺度职能，而是由国家对其面值进行定义。纸币是当今世界各国普遍使用的货币形式，而世界上最早出现的纸币，是中国北宋时期四川成都的"交子"。中国是世界上使用纸币最早的国家。

资本主义

资本主义，也被称为自由市场经济或自由企业经济，其特色是个人或是企业拥有资本财产，且投资活动是由个人决策左右，而非由国家所控制，一般并没有准确之定义，不同的经济学家也对资本主义有不同的定义。一般而言，资本主义指的是一种经济学或经济社会学的制度，在这样的制度下绝大部分的生产资料都归私人所有，并借着雇佣或劳动的手段以生产资料创造利润。在这种制度里，商品和服务借由货币在自由市场里流通。投资的决定由私人进行，生产和销售主要由公司和工商业控制并互相竞争，依照各自的利益采取行动。

资产阶级

资产阶级是指占有社会生产资料并使用雇佣劳动的现代资本家阶级，其本质是以生产资料为手段无偿占有雇佣工人的劳动，是现代社会中的主要剥削阶级。

宗派主义

宗派主义是指党内存在的一种以宗派利益为出发点的思想和行为，是封建宗派思想、资产阶级、小资产阶级思想在组织上的表现。主要表现为：在个人与党的关系上，把个人放在第一位，把党放在第二位，向党闹独立性；在组织上，任人唯亲，在同志中拉拉扯扯，把资产阶级的庸俗作风搬进党里来；在党内关系上，只强调局部利益，只要民主，不要集中，不遵守个人服从组

155

织、少数服从多数、下级服从上级、全党服从中央的民主集中制原则，进行无原则的派别斗争；在和党外人士的关系上，妄自尊大，骄傲自满，不尊重人家，不学习人家的长处，不愿和人家合作等。

爱德华·伯恩施坦

爱德华·伯恩施坦（1850—1932），是德国社会民主党的著名活动家，他一生的理论和政治活动经历了不同阶段：小资产阶级激进民主主义者，马克思主义者，修正主义者。从1881年初担任党机关报《社会民主党人报》编辑到1895年恩格斯逝世，这15年是伯恩施坦的黄金时代。他是作为一位杜林主义者加入德国社会民主党的，以拉萨尔主义和杜林主义的眼光来看待马克思和马克思主义。在此期间，他在恩格斯的直接关怀和指导下，对于传播马克思主义、反对党内机会主义、揭露和批判统治阶级的反动政策等方面，对党内的建设做出了重大贡献，因此，他在党内和国际工人运动中赢得了很高的声誉。列宁也曾说，伯恩施坦当时是一个"革命的社会民主党人"。1895年8月恩格斯逝世后，伯恩施坦"修正"马克思主义基本原理的倾向开始公开显露出来。1896年至1898年，他在《新时代》上以《社会主义问题》为总题目发表的一组文章，成为他对马克思主义"传统解释"的最初"批判"，成为这一时期对马克思主义公开责难的代表，开启了德国社会民主党内关于什么是马克思主义、如何发展马克思主义的大争论。

爱尔维修

克洛德·阿德里安·爱尔维修（1715—1771），是18世纪法国唯物主义哲学家，法国启蒙思想家。他出生在巴黎一个宫廷医生的家庭，毕业于耶稣会办的专科学校，曾任总报税官。他考察了第三等级的贫困生活和封建贵族的糜烂生活，因而痛恨封建制度。后来，他辞去官职，专心著述，并和思想家狄德罗、霍尔巴赫等人参加了《百科全书》的编辑工作，对封建制度及教会进行了无情的揭露和批判。他的主要著作包括《论精神》和《论人的理智能力和教育》。

奥格斯特·倍倍尔

奥格斯特·倍倍尔（1840—1913），德国社会民主党的主要领导人之一，德国和国际工人运动活动家。1840年2月22日生于普鲁士，1913年8月13日卒于瑞士格尔桑斯。1865年8月结识李卜克内西，在其帮助下成长为社会主义者。1866年同李卜克内西创建萨克森人民党，加入第一国际。次年当选为德国工人协会联合会主席，并促使该会于1868年参加第一国际。1867年当选北德意志联邦议会议员，成为议会中第一个工人代表，坚决反对俾斯麦的"铁血政策"，主张通过自下而上的革命统一德意志。他和李卜克内西于1869年8月共同创建德国社会民主工党（爱森纳赫派），并制定了党纲。

柏拉图

柏拉图（约前427—前347），古希腊伟大的哲学家，也是全部西方哲学乃至整个西方文化最伟大的哲学家和思想家之一。他和老师苏格拉底、学生亚里士多德并称为古希腊三大哲学家。柏拉图出身于雅典贵族家庭，青年时师从苏格拉底。苏格拉底死后，他游历四方，曾到埃及、北非、小亚细亚沿岸和意大利南部从事政治活动，企图实现他的贵族政治理想。公元前387年活动失败后，游历12年的柏拉图逃回雅典，在一所称为阿卡德米的体育馆附近建立了一所学园，此后执教40年，直至逝世。他一生著述颇丰，其教学思想主要集中在《理想国》和《法律篇》中。柏拉图是西方客观唯心主义的创始人，其哲学体系博大精深，对其教学思想影响尤甚。柏拉图认为世界由"理念世界"和"现象世界"所组成。理念的世界是真实的存在，永恒不变，而人类感官所接触到的这个现实的世界，只不过是理念世界的微弱的影子，它由现象所组成，而每种现象是因时空等因素而表现出暂时变动等特征。由此出发，柏拉图提出了一种理念论和回忆说的认识论，并将它作为其教学理论的哲学基础。

保尔·拉法格

保尔·拉法格（1842—1911），法国杰出的马克思主义理论家，法国工人党和第二国际创建人之一。拉法格反对新康德主义和哲学上的修正主义，捍卫和宣传辩证唯物主义和历史唯物主义，拉法格还批判了饶勒斯的修正主义哲学观点。

布鲁诺·鲍威尔

布鲁诺·鲍威尔（1809—1882），德国哲学家，青年黑格尔派代表之一。柏林大学毕业，曾在柏林大学、波恩大学任教，因发表《同观福音作者的福音史批判》而遭解聘，从此退隐。否认福音故事的可靠性以及耶稣其人的存在。将黑格尔的自我意识解释为同自然相脱离的绝对实在，并用它来代替黑格尔的"绝对观念"，宣称"自我意识"是最强大的历史创造力，马克思和恩格斯在《神圣家族》一书中对此予以严厉批判。主要著作还有《福音的批判及福音起源史》《斐洛、施特劳斯、勒男与原始基督教》等。

但丁

但丁·阿利吉耶里（1265—1321），意大利中世纪诗人，现代意大利语的奠基者，欧洲文艺复兴时代的开拓人物，以史诗《神曲》留名后世。但丁被认为是意大利最伟大的诗人，也是西方最杰出的诗人之一，全世界最伟大的作家之一。恩格斯评价说："封建的中世纪的终结和现代资本主义纪元的开端，是以一位大人物为标志的，这位人物就是意大利人但丁，他是中世纪的最后一位诗人，同时又是新时代的最初一位诗人。"

德谟克利特

德谟克利特（约公元前460—公元前370或公元前356），来自古希腊爱琴海北部海岸的自然派哲学家。德谟克利特是经验的自然科学家和第一个百科全书式的学者，古代唯物思想的重要代表。他是"原子论"的创始者，由原子论入手，他建立了认识论，并在哲学、逻辑学、物理、数学、天文、动植物、医学、心理学、伦理学、教育学、修辞学、军事、艺术等方面，都有所建树。可惜他的大多数著作都散失了，至今只能看到若干残篇断简，这对理解他的思想造成了一定的困难。

德谟克利特的自然科学虽然也有类似实验解剖这样的科学结论，但是他在哲学上的大部分见解都与经验直接相关。他的原子论是受着水汽蒸发以及香味传递等感性直观，依赖哲学思维推测出来的，通过感官的参与，即经验，直接推测了原子论的可能，并由原子论进一步影响认识论等。说他是自然科学家，主要是缘于他对于自然科学起到的奠基作用，但是在哲学领域，他是个彻头彻尾的经验论者，在他那个年代的哲学家鲜有严谨依赖科学思维得出哲学结论的人，这是可想而知的。

笛卡尔

勒内·笛卡尔（1596—1650），生于法国，逝世于瑞典斯德哥尔摩，是法国著名的哲学家、数学家、物理学家。他对现代数学的发展作出了重要的贡献，因将几何坐标体系公式化而被认为是解析几何之父。他还是西方现代哲学思想的奠基人，是近代唯物论的开拓者，并且提出了"普遍怀疑"的主张。他的哲学思想深深影响了之后的几代欧洲人，开拓了所谓的"欧陆理性主义"哲学。黑格尔称他为"现代哲学之父"。笛卡尔堪称17世纪欧洲哲学界和科学界最有影响的巨匠之一，被誉为"近代科学的始祖"。

恩格斯

弗里德里希·冯·恩格斯（1820—1895），德国思想家、哲学家、革命家，全世界无产阶级和劳动人民的伟大导师，马克思主义的创始人之一。恩格斯是卡尔·马克思的挚友，被誉为"第二提琴手"，他为马克思从事学术研究提供了大量经济上的支持。在马克思逝世后，将马克思的大量手稿、遗著整理出版，并且成为国际工人运动众望所归的领袖。

费尔巴哈

路德维希·安德列斯·费尔巴哈（1804—1872），德国哲学家。出生于拜恩州（巴伐利亚）下拜恩区的首府兰茨胡特，死于同一州的纽伦堡，他是德国法学家保罗·约翰·安塞姆里特·冯·费尔巴哈的第四个儿子。费尔巴哈对基督教的批判在社会上产生了很大影响，他的某些观点在德国教会和政府的斗争中被一些极端主义者接受。他对卡尔·马克思的影响也很大，虽然马克思并不赞同他观点中的机械论，马克思曾写过《费尔巴哈提纲》，批判他形而上学的唯物主义观点。费尔巴哈的主要著作有《黑格尔哲学批判》和《基督教的本质》等。

费希特

约翰·戈特利布·费希特（1762—1814），德国哲学家。尽管他是自康德的著作发展开来的德国唯心主义哲学的主要奠基人之一，但他在西方哲学史上的重要性往往被轻视了。费希特往往被认为是连接康德和黑格尔两人哲学间的过渡人物。近些年来，由于学者们注意到他对自我意识的深刻理解而重新认识到他的地位。和在他之前的笛卡尔和康德一样，对于主观性和意识的问题激发了他的许多哲学思考。费希特的一些观点也涉及了政治哲学，因此，他被一些人认为是德国国家主义之父。

弗洛伊德

西格蒙德·弗洛伊德（1856—1939），犹太人，奥地利精神病医生及精神分析学家，精神分析学派的创始人，此学派被称为"维也纳第一精神分析学派",以区别于后来由此演变出的第二及第三学派。著有《性学三论》《梦的解析》《图腾与禁忌》《日常生活的心理病理学》《精神分析引论》《精神分析引论新编》等。提出"潜意识""自我""本我""超我""俄狄浦斯情结""性冲动""心理防卫机制"等概念。其成就对哲学、心理学、美学,甚至社会学、文学等都有深刻的影响,被世人誉为"精神分析之父"。但他的理论诞生至今,却一直饱受争议。

伏尔泰

伏尔泰(1694—1778),原名弗朗索瓦·马利·阿鲁埃,伏尔泰是他的笔名。法国启蒙时代思想家、哲学家、文学家,启蒙运动公认的领袖和导师。伏尔泰是18世纪法国资产阶级启蒙运动的旗手,被誉为"法兰西思想之王""法兰西最优秀的诗人""欧洲的良心"。他不仅在哲学上有卓越成就,也以捍卫公民自由,特别是信仰自由和司法公正而闻名。尽管在他所处的时代,审查制度十分严厉,伏尔泰仍然公开支持社会改革。他的论说以讽刺见长,常常抨击天主教教会的教条和当时的法国教育制度。伏尔泰的著作和思想与托马斯·霍布斯及约翰·洛克一道,对美国革命和法国大革命的主要思想家都有影响。

傅立叶

夏尔·傅立叶（1772—1837），法国著名哲学家，经济学家，空想社会主义者。出身于商人家庭的傅立叶批评当时资本主义社会的一些丑恶现象，希望建立一种以法伦斯泰尔为基层组织的社会主义社会，在这里个人利益和集体利益是一致的。他还揭露资本主义的罪恶，主张建立一个社会主义社会，但他幻想通过宣传和教育来实现这一目的。他还强调妇女解放，提出妇女解放的程度是人民是否彻底解放的准绳。

海德格尔

马丁·海德格尔（1889—1976），德国哲学家，20世纪存在主义哲学的创始人和主要代表之一。出生于德国西南巴登邦弗赖堡附近的梅斯基尔希的天主教家庭，逝于德国梅斯基尔希。他在现象学、存在主义、解构主义、诠释学、后现代主义、政治理论、心理学及神学领域都有举足轻重的影响。此外，他还著有《存在与时间》一书，本书深深影响了20世纪哲学，尤其是存在主义、解释学和解构主义。

黑格尔

格奥尔格·威廉·弗里德里希·黑格尔（1770—1831），德国哲学家，出生于德国西南部巴登－符腾堡州首府斯图加特。18岁时，他进入蒂宾根大学学习，在那里，他与荷尔德林、谢林成为朋友，同时，为斯宾诺莎、康德、卢梭等人的著作和法国大革命深深吸引。许多人认为，黑格尔的思想，象征着19世纪德国唯心主义哲学运动的顶峰，对后世哲学流派，如存在主义和马克思的历史唯物主义都产生了深远的影响。更有甚者，由于黑格尔的政治思想兼具自由主义与保守主义两者之要义，因此，对于那些因看到自由主义在承认个人需求、体现人的基本价值方面的无能为力，而觉得自由主义正面临挑战的人来说，他的哲学无疑是为自由主义提供了一条新的出路。1807年，黑格尔出版了第一部作品《精神现象学》。《精神现象学》是一段伟大的概念旅程，带领我们从最基本的人类意识概念，走向最包罗万象而复杂的人类意识概念。

霍布斯

托马斯·霍布斯（1588—1679），英国的政治哲学家，创立了机械唯物主义的完整体系，认为宇宙是所有机械地运动着的广延物体的总和。他提出"自然状态"和国家起源说，认为国家是人们为了遵守"自然法"而订立契约所形成的，是一部人造的机器人，当君主可以履行该契约所约定的保证人民安全的职责时，人民应该对君主完全忠诚。他于1651年出版的《利维坦》一书，为之后所有的西方政治哲学发展奠定了根基。霍布斯的思想对其后的约翰·洛克、孟德斯鸠和让·雅克·卢梭有深刻影响，但同时他的社会契约理论与绝对君主思想又有其独特性。

基佐

弗朗索瓦·皮埃尔·吉尧姆·基佐（1787—1874），法国政治家、历史学家，他在1847年到1848年间任法国首相，是法国第二十二位首相。他是保守派人士，在任期间，他未能留心民间的疾苦，对内主张实行自由放任政策；对外则主张成立法比关税同盟，以对抗当时的德意志关税同盟，但这些措施均引起国内和国外的不满。1848年的二月革命，路易·菲利普的七月王朝被推翻，基佐也因而下台。他著有《英国革命史》《欧洲文明史》《法国文明史》等著作。

卡尔·考茨基

卡尔·考茨基（1854—1938），社会民主主义活动家，亦是马克思主义发展史中的重要人物。考茨基是卡尔·马克思代表作《资本论》第四卷的编者，是19世纪末德国社会民主党内最主要的领导人之一。

康德

伊曼努尔·康德（1724—1804），德国哲学家、天文学家，是星云假说的创立者之一、德国古典哲学的创始人、唯心主义者、不可知论者，德国古典美学的奠定者。他被认为是现代欧洲最具影响力的思想家之一，也是启蒙运动最后一位主要哲学家。康德哲学理论的一个基本出发点是认为将经验转化为知识的理性是人与生俱来的，没有先天的范畴我们就无法理解世界。他的这个理论结合了英国经验主义与欧陆的理性主义，对德国唯心主义与浪漫主义影响深远。

康德的一生可以以1770年为标志分为前期和后期两个阶段，前期主要研究自然科学，后期则主要研究哲学。前期的主要成果有1755年发表的《自然通史和天体论》，其中提出了太阳系起源的星云假说。在后期，从1781年开始的9年里，康德出版了一系列涉及领域广阔、有独创性的伟大著作，给当时的哲学思想带来了一场革命，它们包括《纯粹理性批判》（1781年）、《实践理性批判》（1788年）和《判断力批判》（1790年）。"三大批判"的出版标志着康德哲学体系的完成。三大批判分别探讨了认识论、伦理学以及美学。

政治上，康德是一名自由主义者，他支持法国大革命以及共和政体，在1795年他还出版过《论永久和平》一书，提出议制政府与世界联邦的构想。其生前最后一本有代表性的著作是《人类学》（1798年），一般认为该书是对整个学说的概括和总结。康德晚年已经以一名出色的哲学家闻名于世，他去世后，人们为他举行了隆重的葬礼。

孔德

奥古斯特·孔德（1798—1857）是法国著名的哲学家，社会学、实证主义的创始人。1817年8月，他成为著名的乌托邦社会主义者圣西门的秘书。1830年，《实证主义教程》第一卷出版，稍后其他各卷（共四卷）陆续出版。1842年出版的第四卷中，正式提出"社会学"这一名称，并建立起社会学的框架和构想。1844年孔德遇到对其理论发生重大影响的德克洛蒂尔德·德沃。受德沃影响，孔德创立"人道教"，并成立了具有宗教色彩的"实证主义学会"。整个19世纪，值得一提的法国社会学家屈指可数，但作为实证主义的创始人，奥古斯特·孔德被称为社会学之父当之无愧。他创立的实证主义学说是西方哲学由近代转入现代的重要标志之一。

李大钊

李大钊（1889—1927），字守常，河北乐亭人，中国共产党主要创立人之一，中国最早的马克思主义者和共产主义者之一，是中国国民党第一届中央执行委员会委员之一，也是在北伐时期推翻北洋军阀政府的要员之一，同时是共产国际的成员及其在中国的代理人。1927年被捕后遭张作霖处决。李大钊在中国共产主义运动和民族解放事业中，占有崇高的历史地位。

列宁

列宁（1870—1924），原名弗拉基米尔·伊里奇·乌里扬诺夫，列宁是他的笔名。列宁是无产阶级革命家、政治家、思想家、理论家，布尔什维克党创立者、苏联缔造者，任苏联人民委员会主席。他继承和发展了马克思主义，形成了列宁主义理论。他被全世界共产主义者广泛认同为"全世界无产阶级和劳动人民的伟大革命导师和领袖"，也被世人认为是20世纪最伟大的人物之一。俄罗斯国家电视台2008年进行了一项关于国内最伟大历史人物的网上民意调查评选活动，经过统计，列宁位列第六，位于亚历山大·涅夫斯基、斯托雷平、斯大林、普希金、彼得大帝之后。

卢梭

让·雅克·卢梭（1712—1778），启蒙时代瑞士裔的法国思想家、哲学家、政治理论家和作曲家，是18世纪法国大革命的思想先驱，启蒙运动最卓越的代表人物之一。其论文《科学和艺术的进步对改良风俗是否有益》及《论人类不平等的起源与基础》确定了他在哲学史上的地位；他的《社会契约论》的人民主权及民主政治哲学思想深刻影响了启蒙运动、法国大革命和现代政治、哲学和教育思想。此外，他还著有《爱弥儿》《忏悔录》《新爱洛伊斯》《植物学通信》等著作。

罗莎·卢森堡

罗莎·卢森堡（1871—1919），国际共产主义运动史上杰出的马克思主义思想家、理论家、革命家，德国社会民主党和第二国际左派领袖，被列宁誉为"革命之鹰"。在反对资本主义、修正主义和帝国主义世界大战的暴风骤雨中，始终英勇斗争，不畏强暴，展现了高度的革命乐观主义精神。1871年3月5日，出生于俄国占领下的波兰扎莫希奇的一个犹太人家庭，她原是波兰立陶宛王国社会民主党理论家。1898年移居德国柏林，并加入德国社会民主党，是党内的社会民主理论家。1914年，当德国社会民主党宣布支持德国参与第一次世界大战时，她和卡尔·李卜克内西合作成立马克思主义革命团体"斯巴达克同盟"，与社民党内以艾伯特为代表的右倾势力斗争。该组织于1919年1月1日转为德国共产党。1918年11月，在德国革命期间，她创办了《红旗报》，作为左翼的中央机构。1915年—1918年间被多次关押。罗莎·卢森堡起草了德国共产党党纲。她认为1919年1月柏林的斯巴达克起义是一个错误，但起义开始后她还是加以支持。当起义被自由军团镇压时，卢森堡、李卜克内西与其他数百位支持者被逮捕，遭到严刑拷打并被杀害。

洛克

约翰·洛克（1632—1704），英国哲学家，经验主义的开创人，同时也是第一个全面阐述宪政民主思想的人，在哲学以及政治领域都有重要影响。洛克的第一本主要著作是《论宽容》，而洛克最知名的两本著作则分别是《人类理解论》和《政府论》。洛克的思想对于后代政治哲学的发展产生了巨大影响，并且被广泛视为是启蒙时代最具影响力的思想家和自由主义者。他的著作也大大影响了伏尔泰和卢梭，以及许多苏格兰启蒙运动的思想家和美国开国元勋。他的理论被反映在美国的《独立宣言》上。洛克的精神哲学理论通常被视为是现代主义中"本体"以及自我理论的奠基者，也影响了后来大卫·休谟、让·雅各·卢梭与伊曼努尔·康德等人的著作。洛克是第一个以连续的"意识"来定义自我概念的哲学家，他也提出了心灵是一块"白板"的假设。与笛卡尔和基督教哲学不同的是，洛克认为人生下来是不带有任何记忆和思想的。

马克思

卡尔·亨利希·马克思（1818—1883），马克思主义的创始人，第一国际的组织者和领导者，全世界无产阶级和劳动人民的伟大导师、政治家、哲学家、经济学家、革命理论家。主要著作有《资本论》《共产党宣言》。他是无产阶级的精神领袖，是当代共产主义运动的先驱，支持他理论的人被视为马克思主义者。马克思最广为人知的哲学理论是他对于人类历史进程中阶级斗争的分析。他认为几千年以来，人类发展史上最大的矛盾与问题就在于不同阶级之间的利益掠夺。依据历史唯物论，马克思曾大胆地假设，资本主义终将被共产主义所取代。

毛泽东

　　毛泽东（1893—1976），字润之（原作咏芝，后改润芝），笔名子任，湖南湘潭人。中国革命家、战略家、理论家、诗人，中国共产党、中国人民解放军和中华人民共和国的主要缔造者和领袖，毛泽东思想的主要创立者。从1949年到1976年，毛泽东是中华人民共和国的最高领导人。他对马克思列宁主义的发展、军事理论的贡献以及对共产党的理论贡献被称为毛泽东思想。毛泽东担任过的主要职务几乎全部称为"主席"，所以被尊称为"毛主席"。毛泽东被视为现代世界历史中最重要的人物之一，《时代》杂志将他评为20世纪最具影响的100人之一。

孟德斯鸠

　　查理·路易·孟德斯鸠（1689—1755），法国启蒙思想家，社会学家，是西方国家学说和法学理论的奠基人。1748年他出版了《论法的精神》，全面分析了三权分立的原则。伏尔泰夸赞这本篇幅巨大、包罗万象的著作是"理性和自由的法典"。

尼采

弗里德里希·威廉·尼采（1844—1900），德国著名哲学家，西方现代哲学的开创者，同时也是卓越的诗人和散文家，他的著作对于宗教、道德、现代文化、哲学，以及科学等领域提出了广泛的批判和讨论。他的写作风格独特，经常使用格言和悖论的技巧。尼采对于后代哲学的发展影响极大，尤其是在存在主义与后现代主义上。他最早开始批判西方现代社会，然而他的学说在他的时代却没有引起人们的重视，直到20世纪，才激起深远的调门各异的回声。后来的生命哲学、存在主义、弗洛伊德主义、后现代主义，都以各自的形式回应尼采的哲学思想。尼采著有《悲剧的诞生》《查拉图斯特拉如是说》《偶像的黄昏》等著作。

欧文

罗伯特·欧文（1771—1858），英国乌托邦社会主义者，也是一位企业家、慈善家。欧文在历史上第一次揭示了无产阶级贫困的原因，并从生产力的角度提出公有制与大生产的紧密关系，他晚年还提出过共产主义主张。他最著名的著作为《新社会观》《新道德世界书》。罗伯特·欧文是历史上第一个创立学前教育机关（托儿所、幼儿园）的教育理论家和实践者。教育与生产劳动相结合，是欧文对人类教育理论宝库的一大贡献。他认为，要培养智育、德育、体育全面发展的一代新人，必须把教育与生产劳动结合起来。

培根

　　弗朗西斯·培根（1561—1626），英国哲学家、思想家、作家和科学家，是古典经验论的始祖。他不但在文学、哲学上多有建树，在自然科学领域里，也取得了重大成就。培根是一位经历了诸多磨难的贵族子弟，复杂多变的生活经历丰富了他的阅历，随之而来的是他的思想成熟，言论深邃，富含哲理。他是一位理性主义者而不是迷信的崇拜者，是一位经验论者而不是诡辩学者；在政治上，他是一位现实主义者而不是理论家。他在逻辑学、美学、教育学方面也提出许多思想。他著有《新工具》《论说随笔文集》等著作，此外，他还有许多名言为众人所知，"知识就是力量"就是其中最著名的一句名言。

普列汉诺夫

　　格奥尔基·瓦连廷诺维奇·普列汉诺夫（1856—1918），俄国马克思主义先驱，俄国社会民主工党总委员会主席。他早年是民粹主义者，在1883年后的20年间是俄国马克思主义政党的创始人和领袖之一，是最早在俄国和欧洲传播马克思主义的思想家，也是俄国和国际工人运动的著名活动家，十分受列宁尊敬。

普罗泰戈拉

　　普罗泰戈拉（约公元前490—约公元前420），公元前5世纪希腊哲学家，智者派的主要代表人物。他出生在阿布德拉城，多次来到当时希腊奴隶主民主制的中心雅典，与民主派政治家伯里克利结为挚友，曾为意大利南部的雅典殖民地图里城制定过法典。一生旅居各地，收徒传授修辞和论辩知识，是当时最受人尊敬的"智者"。普罗泰戈拉留传下来的最主要的哲学名言就是在《论真理》中说的，"人是万物的尺度，存在时万物存在，不存在时万物不存在。"

塞利格曼

马丁·塞利格曼（1942—），美国心理学家，主要从事习得性无助、抑郁、乐观主义、悲观主义等方面的研究。曾获美国应用与预防心理学会的荣誉奖章，并由于他在精神病理学方面的研究而获得该学会的终身成就奖。1998年当选为美国心理学会主席。

圣西门

克劳德·昂列·圣西门（1760—1825），法国哲学家、经济学家、社会改革家、空想社会主义者。与实证主义创始人奥古斯特·孔德相熟，曾聘其为秘书。圣西门出身贵族，曾参加法国大革命，还参加过北美独立战争。他抨击资本主义社会，致力于设计一种新的社会制度，并花掉了他的全部家产。在他所设想的社会中，人人劳动，没有不劳而获，没有剥削，没有压迫。圣西门一生写了许多著作，但直到1825年4月发表的《新基督教》这部圣西门最后的著作，才标志着他创建的空想社会主义大厦的完成。

叔本华

亚瑟·叔本华（1788—1860），德国著名哲学家，他继承了康德对于现象和物自体之间的区分。不同于他同代的费希特、谢林、黑格尔等取消物自体的做法，他坚持物自体，并认为它可以通过直观而被认识，将其确定为意志。意志独立于时间、空间，所有理性、知识都从属于它，人们只有在审美的沉思时才能逃离其中。叔本华将他著名的极端悲观主义和此学说联系在一起，认为意志的支配最终只能导致虚无和痛苦。他对心灵屈从于器官、欲望和冲动的压抑、扭曲的理解预言了精神分析学和心理学。他的代表著作有《作为意志和表象的世界》等。

斯大林

约瑟夫·维萨里奥诺维奇·斯大林（1879—1953），苏联共产党中央总书记、苏联部长会议主席、苏联大元帅，是苏联执政时间最长（1924—1953）的最高领导人，在任期间，全力进行社会主义工业化和农业集体化，使苏联成为重工业和军事大国，但同时也导致了乌克兰大饥荒。斯大林树立对自己的个人崇拜，实施大清洗，并对车臣等少数族裔进行压迫流放，严重破坏了民主和法制。第二次世界大战中领导苏联红军，与盟军协力击败轴心国，苏联领土也有了很大的扩张。战后他扶植了社会主义阵营，在冷战中与以美国为首的北约对峙。1953年3月5日因脑溢血去世。2008年，俄罗斯国家电视台举行了一次"最伟大的俄罗斯人"的评选活动，斯大林高居第三（四至六位分别是普希金、彼得大帝、列宁），仅次于亚历山大·涅夫斯基和斯托雷平。

苏格拉底

苏格拉底（公元前469—公元前399），古希腊著名的思想家、哲学家、教育家，他和他的学生柏拉图，以及柏拉图的学生亚里士多德被并称为"古希腊三贤"，更被后人广泛认为是西方哲学的奠基者。身为雅典的公民，据记载，苏格拉底最后被雅典法庭以引进新的神和腐蚀雅典青年思想之罪名判处死刑。尽管他曾获得逃亡雅典的机会，但苏格拉底仍选择饮下毒堇汁而死，因为他认为逃亡只会进一步破坏雅典法律的权威，同时也是因为担心他逃亡后雅典将再没有好的导师可以教育人们了。

孙中山

孙中山，本名孙文，谱名德明，字载之，号日新，又号逸仙，幼名帝象。中国近代民主主义革命先驱，中华民国和中国国民党创始人，三民主义的倡导者。首举彻底反封建的旗帜，"起共和而终帝制"。1905年成立中国同盟会。1911年辛亥革命后被推举为中华民国临时大总统。1929年6月1日，根据其生前遗愿，陵墓永久迁葬于南京钟山中山陵。1940年，国民政府通令全国，尊称其为"中华民国国父"。他是一位在海峡两岸都受到敬重的革命家，中华民国尊其为国父，中国国民党尊其为总理，毛泽东和中国共产党称孙中山为"中国近代民主革命的伟大先行者"。

维柯

乔瓦尼·巴蒂斯塔·维柯（1668—1744）是一名意大利政治哲学家、修辞学家、历史学家和法理学家。他为古老风俗辩护，批判了现代理性主义，并以巨著《新科学》闻名于世。

谢林

弗里德里希·威廉·约瑟夫·冯·谢林（1775—1854），德国哲学家。谢林是德国唯心主义发展中期的主要人物，处在费希特和黑格尔之间。谢林的自然哲学受到了浪漫派大诗人歌德的欣赏，也得到了德国自然科学的欢迎。

亚当·斯密

亚当·斯密（1723—1790），苏格兰哲学家和经济学家，是经济学的主要创立者。他所著的《国富论》成为了第一本试图阐述欧洲产业和商业发展历史的著作。这本书发展出了现代的经济学学科，也提供了现代自由贸易、资本主义和自由意志主义的理论基础。

亚里士多德

亚里士多德（公元前384—公元前322），古希腊斯吉塔拉人，世界古代史上最伟大的哲学家、科学家和教育家之一。是柏拉图的学生，亚历山大大帝的老师。公元前335年，他在雅典办了一所叫吕克昂的学校，被称为逍遥学派。马克思曾称亚里士多德是古希腊哲学家中最博学的人物，恩格斯称他是古代的黑格尔。作为一位最伟大的、百科全书式的科学家，亚里士多德对世界的贡献无人可比。他对哲学的几乎每个学科都作出了贡献。他的写作涉及伦理学、形而上学、心理学、经济学、神学、政治学、修辞学、自然科学、教育学、诗歌、风俗，以及雅典宪法。

伊壁鸠鲁

伊壁鸠鲁（公元前341—公元前270），古希腊哲学家、无神论者，伊壁鸠鲁学派的创始人。伊壁鸠鲁成功地发展了阿瑞斯提普斯的享乐主义，并将之与德谟克利特的原子论结合起来。他的学说的主要宗旨就是要达到不受干扰的宁静状态。

伊壁鸠鲁的学说和苏格拉底及柏拉图最大的不同在于，前者强调远离责任和社会活动。伊壁鸠鲁认为，最大的善来自快乐，没有快乐就没有善。快乐包括肉体上的快乐，也包括精神上的快乐。伊壁鸠鲁区分了积极的快乐和消极的快乐，并认为消极的快乐拥有优先的地位，它是"一种餍足状态中的麻醉般的狂喜"。同时，伊壁鸠鲁强调，在我们考量一个行动是否有趣时，我们必须同时考虑它带来的副作用。在追求短暂快乐的同时，也必须考虑是否可能获得更大、更持久、更强烈的快乐。他还强调，肉体的快乐大部分是强加于我们的，而精神的快乐则可以被我们所支配，因此交朋友、欣赏艺术等也是一种乐趣。

伊壁鸠鲁悖论是其著名遗产之一。伊壁鸠鲁也同意德谟克利特的有关"灵魂原子"的说法，认为人死后，灵魂原子离肉体而去，四处飞散，因此人死后并没有生命。他说："死亡和我们没有关系，因为只要我们存在一天，死亡就不会来临，而死亡来临时，我们也不再存在了。"伊壁鸠鲁认为对死亡的恐惧是非理性的，因为对自身死亡的认识是对死亡本身的无知。

《1844年经济学哲学手稿》

《1844年经济学哲学手稿》是卡尔·马克思在年轻时代为了总结自己的思想和弄清思考的问题而写的一个未完成的手稿，由三个部分组成，这是一部研究政治经济学和哲学的著作。该手稿中，马克思根据当时情况，对一系列德国的古典哲学（包括黑格尔的辩证法、费尔巴哈的唯物论）、英国的古典政治经济学（亚当·斯密)以及法国的空想社会主义进行批判性整合。该手稿可以反映出马克思已经完全脱离了黑格尔的理论。

《德法年鉴》

《德法年鉴》是德国"第一个社会主义的刊物"。1844年2月底只在巴黎用德文出版了1—2期合刊号,主编是阿·卢格和马克思。由于当时卢格患病,这一期期刊主要是由马克思编辑的。这期合刊包括卢格写的《德法年鉴》计划、杂志撰稿人之间的8封通信、马克思的著作《〈黑格尔法哲学批判〉导言》和《论犹太人问题》、恩格斯的著作《政治经济学批判大纲》和《英国状况》,以及其他人写的三篇文章、两首诗、一份官方判决书和编后记《刊物的展望》。马克思和恩格斯在《德法年鉴》上发表的文章表明,他们最终完成了从革命民主主义向共产主义的转变。

《德意志意识形态》

《德意志意识形态》是一本哲学巨著文本,于1845年由马克思和恩格斯合著,于1932年在莫斯科出版。在1847年,《德意志意识形态》的部分内容在《威斯特伐里亚汽船》杂志8月和9月号发表过。本书第一次系统阐述了历史唯物主义的基本原理,如社会存在决定社会意识、生产方式在社会生活中起决定作用、生产关系必须适合生产力的发展等,标志着马克思主义哲学的成熟。

此外，本书还批判地分析了当时的费尔巴哈、鲍威尔及施蒂纳的唯心主义历史观，批判了真正的社会主义或德国社会主义的各种代表哲学观点，表达了对科学社会主义的认识。

《共产党宣言》

《共产党宣言》是无产阶级革命导师马克思、恩格斯受"共产主义者同盟"1847年12月伦敦第二次代表大会的委托，于1847年11月—1848年1月间共同撰写的关于科学共产主义的第一个纲领性文献。它是国际共产主义运动的第一个纲领性文献，是一部划时代的光辉文献。《共产党宣言》以辩证唯物主义与历史唯物主义为理论基础，以阶级斗争为线索，解剖了资本主义制度，阐明了资本主义的发生、发展和必然灭亡的客观规律；阐明了无产阶级作为资本主义掘墓人和共产主义创建者的伟大历史使命；论证了无产阶级革命和无产阶级专政是无产阶级获得解放的唯一道路；批判了打着社会主义招牌的同科学共产主义相对立的各种流派的所谓理论；奠定了无产阶级政党的学说，并确立了党的战略、策略、原则。

《关于费尔巴哈的提纲》

《关于费尔巴哈的提纲》写于1845年春，马克思生前未发表过。最早发表于1888年，恩格斯在《路德维希·费尔巴哈和德国古典哲学的终结》的序言中称这个文件为"关于费尔巴哈的提纲",并作为该书的附录首次发表。它被恩格斯称为"包含着新世界观的天才萌芽的第一个文件","历史唯物主义的起源"。《关于费尔巴哈的提纲》和《德意志意识形态》一起被公认为是马克思主义哲学,特别是唯物史观创立的基本标志。

《火星报》

　　《火星报》是由俄国社会民主工党的人士在德国所创办的一份政治性的报纸,系俄国社会民主工党中央机关报,第一个全俄政治报。1900年12月24日,由列宁、普列汉诺夫创办于德国莱比锡。《火星报》的座右铭是星火燎原,该句出于弗拉基米尔·奥多耶夫斯基对普希金的诗《致西伯利亚的囚徒》的回复;另外东干族亦曾有份以东干语撰写的《东方火星报》。《火星报》于1900年12月在德国首次发行,不久后即迁往德国慕尼黑进行出版,1902年4月移至英国伦敦出版,1903年之后移至瑞士日内瓦继续出版。该报为党制订了纲领草案,并筹备了党的第二次全国代表大会。1903年,该报发生分裂。以列宁为首的多数派退出了编辑部后,《火星报》便成为孟什维克派的喉舌,最后,《火星报》在1905年停刊,一共发行了112期,其中列宁参与编辑的前51期又被称为"旧火星报",52期以后的部分则被称为"新火星报"。

《莱茵报》

《莱茵报》，《莱茵政治、商业和工业日报》的简称，"德国现代期刊的先声"（恩格斯语，《马克思恩格斯选集》第1卷第514页）。

《路德维希·费尔巴哈和德国古典哲学的终结》

《路德维希·费尔巴哈和德国古典哲学的终结》是恩格斯为论述马克思主义哲学同德国古典哲学的关系，阐明马克思主义哲学基本原理而写的一部重要的哲学著作。写于1886年，同年发表在德国社会民主党理论杂志《新时代》的第4—5期上。1888年出版单行本。20世纪20年代末30年代初传入中国，曾出版过林超真、彭嘉生、张仲实等人的6种译本。这本著作全面论述了马克思主义哲学和黑格尔、费尔巴哈哲学之间的批判继承关系，系统阐述了辩证唯物主义和历史唯物主义的基本原理，具体说明了马克思主义哲学产生的理论来源和自然科学基础，深刻分析了马克思主义哲学在哲学领域中革命变革的实质。

《前进报》

德国社会主义工人党中央机关报，1876年10月1日创刊。1875年5月召开的德国社会民主党和全德工人联合会哥达合并大会决定，两派的机关报暂时并列为新成立的社会主义工人党的机关报。

《人权宣言》

《人权宣言》，1789年8月26日颁布，是在法国大革命时期颁布的纲领性文件。《人权宣言》以美国的《独立宣言》为蓝本，采用18世纪的启蒙学说和自然权论，宣布自由、财产、安全和反抗压迫是天赋不可剥夺的人权，肯定了言论、信仰、著作和出版自由，阐明了司法、行政、立法三权分立，法律面前人人平等，私有财产神圣不可侵犯等原则。

《真理报》

《真理报》是1918年至1991年间苏联共产党中央委员会的机关报。《真理报》在1991年被时任俄罗斯联邦总统的叶利钦下令关闭，但同名的报纸不久后又开始发行。原《真理报》的大部分职员于1999年加入了新创建的网络媒体"真理报在线"。"真理报在线"目前是访问人数最多的俄罗斯新闻网站，它与俄罗斯国内正在发行的《真理报》没有任何关系。俄罗斯国内还有多份同名的报纸一直在发行。原《真理报》在西方乃至全世界都以其政治色彩而著称。

《资本论》

《资本论》是马克思的著作，以唯物史观的基本思想为指导，通过深刻分析资本主义生产方式，揭示了资本主义社会发展的规律，同时也使唯物史观得到了科学的验证和进一步的丰富发展。《资本论》运用唯物史观的观点和方法，将社会关系归结为生产关系，将生产关系归结于生产力的高度，从而证明了社会形态的发展是一个不以人的意志为转移的自然历史过程。

《自然辩证法》

《自然辩证法》是德国哲学家弗里德里希·恩格斯一部尚未完成的著作，是恩格斯多年来对自然科学研究的总结。对19世纪中期的主要自然科学成就用辩证唯物主义的方法进行了概括，并批判了自然科学中的形而上学和唯心主义的观念。在恩格斯去世后，1896年发表了其中一篇论文《劳动在从猿到人转变过程中的作用》，1898年发表了其中另一篇论文《神灵世界中的自然科学》，直到1925年才在前苏联出版的德文和俄文译本对照的《马克思恩格斯文库》中全文发表。